La Luna de Octubre

By Flabio Martí

Hay caminos de vida, que se cruzan una vez, solo una vez, así se crea la eternidad

Dedicado a Jaqueline Martínez Martínez

Flor de Cerezo

Cuando el tiempo ya no se detenga

divagando en la certeza de la eternidad
bajo trémulos suspiros que me envuelven
un día te tome decididamente de la mano
para recorrer un largo camino inacabado

donde existía un páramo de soledad
aceptando que todo tiene un destino
aceptando lo que es, y lo que se tiene,
el caminar así se me hizo costumbre,

sonriendo al descubrir el suave aroma
de las flores, sembradas donde antes
solo había yerbas, ahora caminando
disfruto del jardín que fuimos sembrado

nacen azarosos destellos de luz,
se van inventando nuevas siluetas,
en los viejos recuerdos de un sueño
nacido al principio tardío de un final

cuando la noche apenas se había acabado,
siento un desbordamiento de emociones
surgidas, al calor de promesas cumplidas,
que obligan a detener el correr del tiempo,
al cobijo de una tibia llama parpadeante

así aprendí a caminar a tu lado, en la eternidad
de una ilusión de amor alguna vez esperada,
puedo pensar en esas nuestras horas quietas,
en las que ahora solo sus ecos puedo escuchar

así ecos se van escuchando en el viento
a media voz, los secretos de esa historia,
la que nunca pude entender el final

mas miro al cielo y doy gracias a Dios
porque que se llevó de mis manos...
lo mejor que alguna vez me dio
lo que a mi vida sentido le otorgo

Ganado tengo el pan... hágase el verso!!

Ironías del destino

Como en aquella historia…
hube que mirar tras la ventana,
para mirar ese sueño, a la distancia
y comprender el tamaño de la nada,
que solo tu pudiste hacer tan grande

caminar por el verde prado
caminando a tu lado,
con flores entre las manos
con muchos anhelos cristalizados
y juntos respirar un por siempre

tras la ventana hube que mirar
la realidad de unas lagrimas
vertidas en silencio…
por sueños que ya no significan,
que se van secando con los días

regreso el invierno con su escarcha
con su interminable brisa helada
pero que dejara dentro una llama,
que me permitirá recordar lo que no fue

entender el porqué de la balsa,
entender las ironías del destino,
lo que significó el fin del frio viento

todos los te quiero que dijimos
todo ese ímpetu por decir palabras bonitas
adornadas con flores del más bello jardín

todo eso que soñamos que llegaría
cuando regresaran las aves,
con la primavera del amor sereno

veo tus pisadas perderse tras el tiempo,
por el horizonte el cariño escaparse,
atrapando en el dolor de no saber de ti,
y el amor siendo diluido por el olvido,
entre la nada y la luz perene del fuego

que sabe que siempre se necesita
a alguien para amar
sin que importe tiempo ni distancia

Ganado tengo el pan… Hágase el verso!!

… hay azares de la vida
que separan los caminos,
y … si ese amor es para ti …
aunque sea en el paraíso
se volverán a unir...
Jaque..

Seguramente Tú

no me olvidaras nunca, porque desde un
corazón helado lograste encender una llama
eterna. seguramente tú, podrás revivir mil
veces pasiones que quizás nunca vivimos.
seguramente tú me amas como yo nunca lo
dejare de hacer

pude sentir el suspirar
de mi alma, por tu paraíso,
azar que cimbró en el fondo
el latir de nuestros corazones

esperaba nuevo amor de primavera,
deslice mi brazo por tu espalda,
hube soñarte romper las dudas,
al tomarme sin remordimientos

surgió tu incipiente deseo
de amor pasional, así surgió,
mientras la noche nacía apenas,
como un botón que se hace flor

para conocerte por la noche,
hice pasar la palma de mi mano,
tu encanto se hiciere un poema,
tras mi mirada llena de ilusión

despierte también tu sed de mí,
tu piel despedía un rico aroma,
toda tu en mí, te pensé al besarte,
sin separar jamás los labios,
que fueron fundidos con tu piel

dentro de mi todo se estremecía
y se despertó también mi sed... de ti,
los párpados cerrados por tus besos
y las imposibles promesas amorosas
que jamás no nos hicimos

pero llego el nuevo día y la realidad,
el frio viento del norte quito la calma
devolviéndonos el éxtasis nocturno,
dejando un desencuentro y fatal olvido

crepúsculo de un nuevo otoño,
que pulsaba arrítmico en mis venas,
tu luz reflejando frente mis sombras,
pude sentirte serenarte al atardecer

todo el amor nunca soñado
guardado en otro recuerdo
donde seguiría por siempre
como una eterna canción

Ganado tengo el pan... Hágase el verso!!

“Algún día, desde un buen sitio,
como póstumas palabras,
te diré cuánto te amo
te llevaré conmigo
como algo eterno y conmovible”
flor de cerezo

Le voy amar eternamente

tras su llanto nos salvó un beso,
su cabeza recargada en mi hombro,
sus lágrimas mojaban mi camisa,
aunque mi alma gritaba retenerla...

Le voy amar eternamente
las cartas fueron echadas,
quizás mañana habrá partida
nuevas cartas saldrán por pares

estaba escrito que no se quedaría
ahora sé, ella me dijo serenamente,
que desearía estar cerca de mí,
cuando ya todo se desvanecía perdido

cuando mis ojos ya se negaban a mirarle
puede que mañana le quisiera ni un poco,
pero hay detalles que no se olvidan,
quedan como eco sonando muy dentro

retín melifluo en medio del silencio
ella abrió la puerta dejo entrar la luz,
epifanía que ilumino mis sombras,
y se guardó un sentimiento acendrado

fruto de un instante de tocar el cielo
sus labios y manos se inundaban de mí,
pero al buscar amarle como lo necesitaba,
encontré sus ojos como persianas cerradas

el corazón se cansa de esperar la luz
ahora camina sola de un lugar a otro,
ataraxia inquietante, en su alma vacía,
ayer la vi caminando, no quise detenerla

todo se ha perdido entre las sombras,
pensé debe haber algo que pueda decirle,
pero las cosas son como deben ser,
los pasos andados ya no hacen camino

y es así como ya no la puedo tener
le voy a amar eternamente
con la memoria ella lo sabe,
como memorizo todo aquello
que me duele, ella lo sabe

Ganado tengo el pan... Hágase el verso!!!

"el amor es algo lindo
todos buscamos la manera de ser feliz
yo ya no lo buscaba cuando llegaste vos,
y ahora voy siguiendo la luz del amor"
flor de cerezo

ventanales

encuentros entre la luz y tus sombras...
silente inquietud, que da el poder amar
que te recorrieron para descubrirte
a toda tu, lo que eres y lo que soy

vitrales, donde se abrieron alguna vez,
ese mundo de posibilidades de amor...
que inicia con un mirar tu reflejo,
recorrer con imaginación el tú y el yo

mirarte ante esos grandes ventanales...
en que nos miramos por primera vez
que reflejaron, ese nuestro primer beso,
el sudar de tus manos y tu tímida sonrisa

ilusiones que reflejaron mis manos,
cristalizaron mi sentirte al tocar tu alma
me pregunto por ese amor... por lo
que quedo cuando se abrió un abismo

entre los primeros juegos de amor,
y entre la agonía del adiós, las lágrimas,
esperar por ti toda la noche y el día,
todas las veces que te creí mía

me pides, que te diga cuanto te amo,
sabiendo que el tenerte, besar toda tu,
el tomar todo de ti y todo de tu...
me mostro la puerta a la gloria

y después, cuando no estabas...
que su firmamento brillo en tu ausencia,
no supe cómo pero curo mis heridas,

cuando ya no te encontré reflejada
tomando mis manos ante los vitrales

cuando creí, que sin tu presencia...
ya no estarías en mis brazos jamás,
temí que el fuego quemara mi olvido

te quiero sentir en el alma,
pero solo le tengo a ella
pero mi corazón se estrujo,
para renacer de nuevo en forma de verso,
me llena de vida saber que te tengo en versos
la alegría que le da vida, a mi vida,

en este bello atardecer, los rayos de sol,
que como color del ámbar de tus ojos,
ya no se ven reflejados en los ventanales

y se... que no eres tú la que estas en mis
brazos
tu piel a mi piel ya no está prendida

Ganado tengo el pan… hágase el verso!!

amor en el jardín de los cerezos

¡Qué hermoso era ver el jardín en flor!
iluminado por el brillo de la aurora
reflejos de la tibia presencia,
de aquel que parecía ser ... de bien

artista de bella pintura,
que parecía liberadora
creyendo advertir su presencia
augurio del fin del invierno en tu corazón

le miro tras de ese cristal, sintiendo,
su esencia perfumar tus sueños
amándole por cuanto le necesita amar

confundiendo esa melodía de amor,
con las suaves notas de la entrega de amor
entrega verdadera tendrá que esperar

deslizándose sobre rayos de plata,
a la conquista de inolvidables días
le creí dueña de las luces de la noche,
al llenar de bálsamo las heridas de la vida

parecías tu misma traer la primavera...
caminando sobre la luna dejaste
crecer la esperanza,
de ver el jardín renacer
y el frio marcharse
aquel que cubrió las ramas de nieve
y el césped de pétalos de color rosa

todo tiene su fin
miro el césped vestido de rosa

vida salir de las ramas de los cerezos
y los cerezos llenarse de flores nuevas

pero te digo el invierno terminara
hasta que empiece esta nueva estación de vida
deberás saber esperar

Ganado tengo el pan: hágase el verso

Con lo poco que te quiero

Con lo poco que te quiero
Con cuánta entereza deshilvano,
las plácidas y tristes notas,
que se deslizan desde tu alma

osadamente me llama a su encuentro
y como a el agua tranquila escucho
una dulce melodía, y siento
como se impone tu suave presencia

mmmmi... florecita rosa
te veo vagar por florido valle,
ahí donde desliza sus caricias,
que son el volar... de hadas

el suave volar de imágenes, de sueños
es, el estruendo fragoroso de su vocecita
que me llama, con su presencia refréscate
ella baja bailando muy loca

como dando saltos en el arroyuelo,
y me habla de sus tímidos anhelos de amor
guardados en calabazas, esperando la ocasión
amores escondidos como huevos de pascuas

me habla de ellos cuales niños... sin mancha
Oh claro arroyuelo, ella canta
me deslizo a su encuentro o no...

Por el valle florido la sigo a la distancia
siguiendo su luz la busco en su brillo
ni el quemante sol de octubre la opaca

sigo su vocecita a la distancia
retín de campanitas de hadas
y de estrellas vibrantes
que me hacen buscar su mirada

busco sus bellos ojos, su decir
suspiro que da a la vida, a mi vida
mientras... escucho el trinar de "jilgueros"
con sus elaboradas melodías
que te hablan de amor a veces sí...
y luego ya no...

luego extinguida su luz
cuando se van veo que su alma entristece,
le digo niña no pasa nada
sufres la pena de la mentira...

a veces sufres y luego ya ni eso
preciosa niña poeta te traigo una canción
que dice; "con lo POCO q TQYO
no hay quien te quiera más.

Ganado tengo el pan, hágase verso

Bajo el mirar del ángel

Hoy te siento en el sonar de la radio,
tras sombras de árboles te pierdes
mirando la ciudad de los palacios.

te es difícil imaginar y no puedes
negar todo lo que otros amores nos dieron
lo del pasado se vivirá solo en el ayer

ya es tiempo de ver florecer un sentimiento,
la vida pasa y esto tenía que ser...
escucho el profundo respirar en tu pecho
abajo el estremecer de tu vientre
esta noche, te tengo a mi lado, me tienes a mí

paramos ante la luz roja, paramos ese ayer
empiezan el volar nuevas ilusiones,
nos amaremos y dejaremos que recuerdos
de otros amores se hagan fuego,
solo viviremos entre nuevos besos y tu mirar

la noche cayo... y tú en mis brazos,
entre tantas luces acaricio tu sonrisa,
no más esa mirada esquiva,
no más besos al aire,
he imaginado morder tus labios,
mojados por el roció de un nuevo amor

el tiempo como arena se escapaba,
como la esperanza de tenerte,
entre Polanco y reforma hay poco que decir
ante el brillar del Ángel... hoy más te sentí

te he perseguido, te soñado
sin pretender alcanzarte

he soñado respirarte
como te tengo hoy a aquí
quiero acariciar tu pelo enamorado.
Quiero entregarte todo de mi

mi niña... me ciega el miedo cobarde
a que después de amarte nada sea igual

Ganado tengo el pan: hágase el verso

amor...... hasta al final

una fría lagrima vi bajar por su mejilla
que dio humedad a mi corazón en olvido
sus labios en mis secos labios
tocaron como roció mi piel ya tan fría

llegando hasta las líneas
que dibujaban... su sonrisa,
mire un camino
que se inicia tras las sombras
ahí encontré... ahí le encontré

su belleza
enmarcada por la ventana,
tras ella parecía como una hada
atrapada, en un sueño interminable

bajo su ventana parado mirándole
sin saber que decir, y sin saber...
mirándole tras el brillar de la luna
y tras de cada parpadeo en su brillar
descubro que hay amor...

que hay luna
después de media vida

sin darme cuenta que brilla la luna,

cae una lágrima que lubrica
esas ansias de amar que estaban
esa lagrima que se confunde
con el roció de la alborada
que entibio esa pasión dormida
y escuche ese nuevo canto al amor

Más te digo, de esos ardientes besos
llenos de ilusión y esperanza
no podrás ya negármelos

si le pierdo quizás, el carmín se borre,
quizás... el camino no tenga fin,
pero si me deja se
que nos encontraremos a por fin

Ganado tengo el pan: hágase el verso

amor... bajo un cielo rosa

perdido en un extraña confusión
donde los recuerdos son solo sombras
una luz reflejada en el agua
me invita a levantar la vista

mirar como los tiempos pasados
que ya se terminaron de marchar
parado frente a resplandecientes
figuras en tonos rosas,
encontré un amor sin ansias

que si dura un minuto
existirá una eternidad
que si dura por siempre

en cada minuto renacerá
tú y tu corazoncito,
sus suaves latidos,
sus ecos en el viento
yo y mis noches a solas

contando eslabones de una cadena
contando los minutos del tiempo,
las noches que se fueron
reflejos en el agua formando
nuevas imágenes en mi mente

sensaciones en desnudes
que buscan abrigo,
nuevas páginas de tu... conmigo

noches de mayo, llenas de estrellas
la aurora se aparece
tú y yo tomados de la mano
sobre el vuelo de las palomas

el amor que a nuestras almas va guiando
sueños en un cielo en color rosa

Ganado tengo el pan... Hágase el verso!!

Te sabré amar

llegan sueños volando como gaviotas
dejando horas de dicha,
en mi corazón

que lo demuestra como nunca
tu modo de mirar,
sin ansias por vivir cada día...
porque naturalmente,

lo vives con una sonrisa
yo... te pienso,
mirando el atardecer,
veo cómo va llegado el amor
que dará vida a la vida

la gracia con que dejas tus huellas,
al caminar en la playa
marca muy hondo en mi
como se me va la noche

cuando al caer el sol
me regalas una sonrisa
y saber que así serán las noches
si tengo la suerte de tus besos

si tengo la dicha
de dar color a tu arcoíris,
que apenas comienza a brillar
yo... te pienso, mirando el atardecer

te miro cuando tú vuelves
ansiosa por verme
mira que no hay quien te desee más,
no hay quien acaricie tus perlas

y lo sientas más, y te necesite más
dirán que todos quieren lo mismo,
tu sabes, que solo yo te sabré amar

veo cómo va llegado el amor
que dará vida a la vida
porque caminas sabiendo que te amo
que te se amar... que te se amar

Ganado tengo el pan... Hágase el verso!!

Tomemos una foto

Una ventana separaba
las emociones de mi corazón
y ahora está abierta sin final

Ven, tomemos una foto...
del sueño que fue dibujado
sin usar pincel, solo imágenes

delicadas líneas que fueron plasmadas
con tenues líneas rosas de la aurora,
aquella que te encontró dormida
en un capullo, al llegar la mañana

Ven tomemos una foto
el sueño nunca se detiene...
ven quizá deje inmiscuirme
en mi alma para siempre...

quedaras grabada en un lienzo de plata
bordado de los hilos de media noche,
quiero recordar esos instantes...
cuando en el frio fuego
se consumían nuestros besos

Ven a tú a mí, ahora
¡Que la primavera está en el aire ¡
Ven a mis brazos
deja que te digan lo que te quiero decir

escucha cada palabra
que te dicta mi corazón
¡escucha ¡
en el viento se escucha el canto

es suave como agua de rio
lleva una arrulladora melodía
como olas de mar

Utiliza este canto, usa cada palabra
que les has escuchado
e ilumina mi mundo color de rosa

Ahora las yerbas crecen
ya ha sido sembrada la semilla
cayo la lluvia y ha salido el sol

Pronto vendrá el tiempo de recoger los frutos
llenaremos el alma de té quieros
escribe en mi alma todo lo que así desees.
utiliza la imaginación
que esa foto quede eterna en el corazón

Ganado tengo el pan... Hágase el verso!!

Caminaremos hacia la luna

amo las noches claras de suave brisa,
caminar en la avenida, apenas iluminada
por reflejos de aquellas lejanas farolas,
recuerdas cuando quisimos contarlas?

Me gusta ver pasar la noche lentamente
y las calles se van quedando vacías,
como nuestros sueños... amo escuchar
el dorado secreto de la hojarasca
que revolotea entre nuestros pies...

esta noche, la música de la banda en la plaza,
estará dedicada a un amor tan grande,
como el que soñaste cada noche,
en que estabas ahí en espera de su llegada

esta noche pude sentir ese delicado perfume,
vistiendo la intimidad de tu fresca piel,
pude creer que esa noche si... te amaría
pude creer que yo sería parte de tu sueño

tiemblan tímidas las palabras de amor
hermosas y sinceras nacidas del alma,
pero cobardes, que antes de nacer
se rompen en finitos suspiros

miradas imprecisas y lágrimas secas
cargadas de tantos ayeres...
aqueste temor, indecisión que no perdona
me consume, como frágiles ramas secas,
consumiéndose en la hoguera del tiempo,

amare volar contigo, descubrir los secretos
guardados en la esperanza de nuevos días,
re escribir ese viejo libreto de amarillas hojas
esta noche es hermosa, quizás salga la luna...
quizás caminemos juntos hasta nuestra luna

Ganado tengo el pan... Hágase el verso!!!

Susurros en el viento

figuras dibujadas en lienzo de arena
sobre pequeños pedazos de viento,
frio entumece las ideas equivocadas,
que me deja la ausencia de tu aliento

sin embargo hay un, sentirse bien
que nos cubre las horas de espera
que parece vida, que parece amor
un imaginar el camino sembrado

de esas tan tuyas rosas blancas
que es más real que esperar
lo verdadero, lo tangible,
que pocas veces se llega a sentir

que pasa sin verse,
como pasa el mismo viento
frente tu ventana y tomando café.
ahora que siento lo mismo por ti
puedo pensar

que a mí tampoco me importa,
esperar a que se abra la ventana,
que escuches susurros del amor
y de la vida misma

Ganado tengo el pan... Hágase el verso!!

Si se repite esa noche

la noche poco alcanza para soñar,
arrullado por las olas con tu
en mis brazos y un beso...

soñar con un beso,
que en mi boca plantaste...
del que florecieron ilusiones
perenes huellas
de tu andar sobre la arena

pisando el viento, como golondrinas
que regresan nuevamente,
cuando del día llego la tarde,
cuando al fin de un nuevo día

queda una luz que dice
que todo comienza

escribiste hondo en mi alma
con tinta difícil de borrar,
tinta hecha del sangrar del corazón,
al cristalizar tus sueños,
coloreados de nuevos anhelos

la noche pasa,
me sabe a tu... y así
se repite esta noche,
la misma noche...

así dejaste tu alma en mis labios
con sabor de eterna noche,
cuando supe que si me amas
y diste vida a estos labios,
de un besar,

la noche pasa,
me sabe a tu...
y se repite esta noche,
la misma noche que sentí tus labios,
esa, cuando supe si me amabas

Ganado tengo el pan... Hágase el verso!!!

La ilusión que acariciamos

Ahora caminamos por este sendero
sembrado de infinitas orquídeas
camino que brilla en su hermosura,
una vez que juntos habremos cruzado
de la mano al amanecer

compartiendo aquello que nos une
compartiendo al fin nuevos días,
reviviremos nuestros sueños
de noches de solo estrellas.

fijamos juntos las miradas
puestas hacia conquistar
ese sinuoso camino escarpado,
aprendiendo que la vida misma
está hecha para recorrerlo.

sin dejar de percibir sus detalles,
sin desanimo ante las eventualidades
de la ilusión que acariciamos un día,
y de un recuerdo no acabado.

lo habremos de vivir nuevamente,
para hacer lo nuestro cada día
mas fuerte un difuso sueño,
volar sin intentar alcanzar el viento,

utilizando las corrientes para elevarse.
Y mirar sobre las copas de los arboles
para encontrar siempre el mejor destino,
sintiendo el perfume en el aire que baja
como se impregnara en sus cabellos.

Ganado tengo el pan... Hágase el verso!!

Algo grande que hacer!

Algo nuevo que da esperanza,
llega de vez en vez
que entretiene y nos mantiene en éxtasis

Al mirar el horizonte, la aurora,
tras una línea que nos separa
un delgado hilo nos lleva, hilo sin extremos
que convenientemente nos mantiene a
distancia
de ese mundo perfecto, pero con esperanza

pensando que se hace cambio, que se lucha
aunque por más que se jala...
todo termina igual
todos terminamos del mismo lado

Nos vemos: verdes, globalifóbicos... indignados
y después como dicen los poetas... la nada
como un juego; atari, play station, x-box
al que nos unimos para solo jugar y ser parte
de...
cada quien en su época es protagonista,
en su tiempo, durante un tiempo

Ese ímpetu de alcanzarlo
que tienen unos pocos y se hacen
protagonistas
que formando una línea dogmática,
mantienen a los demás a distancia
a veces expectantes, a veces indiferentes
en un anhelo que no puede ser eterno
que pasa como llego, sin cambiar nada

Al final solo se logran pequeños cambios
aquellos que aseguran que todo seguirá igual

todo queda en un esfuerzo inútil
a menos que no quisieras nada de cambios
a menos que sean para ti... en tu beneficio
o que solo te guste soñar que luchas
contra gigantes desde tu Kinect

Ganado tengo el pan… hágase verso!!

Dejando huellas

huellas profundas que con paso seguro ,
vamos dejando al caminar ,
al mirar atrás vemos como brota
hierba nueva, huellas sin sombras
que dejamos tras nuestros pasos

Impaciente por recorrerle,
inmóvil, nerviosa
indagando sus fantasías
tras su profunda mirada

Sentir con mis labios los contornos
de cada parte de su cara
jugar con sus largos cabellos
extendidos en la hierba

Sumergidos en espasmos cíclicos
surgidos al paso del fresco de la tarde
al pasar entre nuestros tibios
desnudos y tibios cuerpos

Y te pienso como te sueño,
como viviendo tus sueños
concurrencia de necesidades,
de designios compartidos

De aquí al fin del horizonte
surcos interminables vida sembrada
esperanza en nuestra mirada
como los días que juntos
aún tenemos que inventar

Ganado tengo el pan... Hágase el verso

Nada menos hoy...
me despertó el aleteo de un ave,
abrí mi ventana para que entrara
y ahí se quedó mirando.
llegó el viento y la hizo entrar a mi cuarto,
cierro los ojos y te veo
Flor de cerezo

Amor. Bajo las caricias de la Luna

como sensaciones impregnadas...
hay cadenas que nos atan,
el sabor de un primer beso robado,
un insufrible ya no te quiero

mi primera mirada en tu alma desnuda
apasionadamente recorrerte un poco
como si no se quisiera llegar al final,
soñarte para tomar tu intimidad

sentirte al caer de una lagrima,
ver como lo vano se es etéreo,
hablarte con el corazón
sin entender nada, solo vivirlo

quisiera poder comprender
el secreto del corazón ...
como decide a quien amar?
entender con qué fin se ama
cuando se ama...

superar esos miedos, mirarte mía...
esperar al cerrar los ojos escucharte,
sentir el paso de su esencia en mi piel

saber que le he amado hasta el dolor
comenzaban sus sonidos a escucharse,
graznar al llegar de aves en primavera,
sentir cuando llega... el amor

tocando de cerca pocos corazones,
y mirar su pasar de largo olvidando
a quienes sufren su por su ausencia,
al amor no se le espera en la puerta

sensación embriagadora... nos da
solo dejar sumergirse en su agua
así sin temor recibir y dar amor
bajo las caricias de la luna de octubre

Ganado tengo el pan... Hágase el verso

Tu beso...

siguiendo ese camino de flores,
paramos en medio del trigal,
para mirar la luna de octubre
en todo su esplendor,

su luz inspiro un primer beso,
bajo esa luz te conocí, te sentí
que eras realmente mía, no sé,
lo fuiste? fue un reflejo de la luna?

algo nuevo vuela dentro de mí...
algo en mí que tiembla al sentir,
como se va reduciendo el aire,
entre su alma... y mis labios

mi pecho helado invitando su ilusión
mi tan deseado sueño postergado
placer inédito cada vez que su pelo
sedoso se enreda entre mis dedos

le miraba, como saboreando
una exótica fruta prohibida
ella volteaba su mirada,
como queriendo hacer llegar
a mi oído palabras nuevas

tratando de borrar el ayer
de su memoria... de su mirada,
deseando descubrir sabores
y sentires nuevos, en un beso

tocan nuestros labios el cielo
en medio de un te amo
como se sentiría ese primer beso?
como se sentiría escuchar un te quiero?

decisión fugaz entregarse a un beso
inevitable, mas no a cualquier beso
instante fugaz de felicidad, lo es?

pasar por la luz sin dejar tus sueños
al través de los ojos, una lagrima,
oh! cuanta extensión de ti
en mi sale sigilosamente tras el beso

se podrá olvidar un beso
como ese beso?
Se podrán besar otros,
labios como esos labios?

Ganado tengo el pan… hágase el verso!!

Con un poco de ti

todo es azul, lo que fue rojo...
y poder escuchar nuevamente
a mi modo nuestra canción,

solo me es posible
mientras el cielo parece abrirse.
si es mi razón,

si todo se ve mejor
al sentir mis pasos
lo sé posible

mirar y encontrar en mi
un rostro nuevo
alojado en el espejo,
sentir la luz
y sentir la paz.

un poco de amor
es un poco de Dios
es caminar por la vida
caminar sobre el oleaje
y poder sonreír

Ganado tengo el pan... Hágase el verso!!

Amor... en la profundidad de sus ojos

sentí que podría hacerte feliz
justo cuando al asomarme descubrí
que hay en el amor misterios,
que son los que nos permiten vivir

leí un te amo, le encontré como es
cuando le mire en sus sentires internos,
en la profundidad de sus ojos
con una nueva mirada cesó el oleaje,
yo solo esperaba verle feliz
locuras de ideas y de acciones
que buscaban complacerte,
en vez de atrapar tu corazón,

cuando nuestras miradas
nos unieron en lo infinito,

cuando llego ese primer beso
sin tener que tocarse los labios

y en un suspiro que no esperaba
volee sintiendo la libertad del viento,
justo cuando se empieza a notar
que salió el sol, y que de su calor
empezaba a germinar
la semilla que nos dio la casualidad

Ganado tengo el pan... Hágase el verso!!!

No me preguntes por qué

te amo, si solo que quiero decirte que te amo?"

Estábamos ahí sentados mirando
como la distancia de la mesa
que nos separaba se hacía menos

desde la primera vez frente a mi
miraba desvanecerse ese miedo a sentir,
como la espuma del café irlandés
que nos separaba esa tarde

nuestras tazas de café
se consumían lentamente,
mientras se consumía la noche

me pareció entrar en sus sueños,
pero ella soñaba despierta
ese sueño suyo cavia en los míos
ese sueño yo lo había vivido
ese sueño también fue mío

con sus manos me decía tanto

y así se dejaba caer en mis brazos,
me repetía, todo estará bien,
pronto pasara este frio viento

la noche caía,
le decía aquí estoy caminando,
el fresco de la noche nos envolvía
las calles nos llamaban

y caminamos a encontrarnos
a ese futuro de amor y felicidad,
y me preguntas, como le Amo?

Ganado tengo el pan... Hágase el verso!!!

Al decir de sus rosas

a media luz,
pero sus pupilas no mentían
quería estar así, sin silencios que hablen
a media luz, tanto me decía ... te amo

mas yo solo escuchaba
lo que me decían sus rosas
hube soñado poder amar
solo por sentir amor,
por sentirle mía, sin prisa,

abrazado por su ternura,
enamorarme tan así,
me pone a temblar
y me gusta...como a ti

amor pone su cabeza en mí,
le acaricio, está a mi lado
su boca quiere decir algo,
se arrepiente darme de si

le invade el viento helado
en su cuerpo tibio, callado,
cae una espina de pasión,
en su sangrante corazón

quiero alcanzar sus labios
regresar esos días lejanos,
de sentirle en el corazón
sin mirar, con ojos cerrados

Ganado tengo el pan... hágase el verso!!!

El amor de mi vida...

Una luz que emana de un amor puro y verdadero,
se reflejó en mi sedentario corazón dormido,
haciéndolo sentir una luz que...

tener una joya rara e imposible
sin locas impaciencias me hizo creer
al sentir así, al soñarte así...

el roce con tu piel desnuda, húmeda y tibia
al besarte con mis labios candentes
y al sentir de quien no se mide al dar amor,
en cada inmenso beso que nos damos
el poder compartir el cielo...

se marcaron irremediablemente
mis expectativas para amar
sin piedad se quemo
mi capacidad de conformarme

con algo menos que un amor cristalino
correspondido y brillante que me das
me digo cada instante
después de verte porque en calma...
no disfrutamos una dulce melodía

Porque bajo el embrujo de la luna
no nos vemos eternamente
noches y días acariciando
los más bellos sentimientos

Curiosa fantasía llena de ilusiones
aprendí a vivir gracias a ti
al tenerte en mi cama

aprendí a sentir en el alma
la presencia perene
de quien el amor...
me dispuso para dedicarle
una vida entera

y quizás más... quizás no se acabe
nuestro mundo lo vivimos con pasión,
nosotros lo hicimos así

Ganado tengo el pan, hágase el verso

DIOS

"La gloria de quien mueve todo el mundo el
universo llena y resplandece
en unas partes más y en otras menos."

Anoche soñé... que con Dios estaba
su sayal era tan albo
como el alma de los niños,
venía por los ares de mi vida,
repartía agua de un cántaro eterno
y ramilletes de esperanza

Le dije que me sentía muy triste
sólo eso salió de mí
no me atreví a más
pero mis ojos dieron de sí

la vida siempre estará en espera
de que uno se anime para estrenarla,
la debes de creer, sentir, esperar y amar

porque al final...
es una escalera que al irla subiendo
al llegar al último escalón
la duda, la desconfianza
es la que te hace fallar para caer
y sentir que nada tiene sentido.

Él sonrió y con un beso en la frente,
y con sus dedos mis lágrimas limpio,
Extendió sus manos y un ramillete me dio,
no te apartes del camino me dijo

con el alma revivida se saca más
provecho a lo desahuciado
lo importante es un rostro satisfecho
que muestra la sanación interior

aunque el exterior
se vaya marchitando poco a poco
e ilumina la necesidad de esperar
y vivir de todavía...todavía...Flor de cerezo

Ganado tengo el pan... Hágase el verso!!

Solo entenderlo

Caminaba ya entrada la noche
sin mayor preocupación que llegar
fue entonces que le vi,
mas no sentí ni un temor

no sé si era bella la dama
o si era tan fea por ser quien es,
su imagen igual a la que le sabia
yo no le vi, más le escuche decir

"no eres tú por quien vengo ahora"
ella me lo dijo y continuo su camino
yo solo seguí caminando y pensando
para que preocuparte de ella?

"Vienes a la noche, a jugar con mi sueño,
llegas con la palabra amor y asustas a la
muerte

mirada encendida, en tu rostro, en tus manos,
y como caracol o cárcel tú oído

se llena de rumor de mi boca
y te lleno de voces"   flor de cerezo

cuando sea la hora, no te pedirá nada
solo lo tomara, eso es bien sabido
esa noche me encontré con la dama,
mas no le vi su cara
ella sabía por quien venía

mas yo no fui curioso
quizás el día cuando me lleve
allá... lo veré mejor,
aquí y ahora no entiendo nada

porque preocuparte siempre ha sido así
ves para cada lado y la vida no te ha negado
nada
que no haya sido así siempre
si lo ocultas no pasara nada

quizás haya a veces que cerrar los ojos,
el cielo está más lejos de unos que de los otros
pero tu preocuparas de ello ahora?...
ni yo tampoco lo hare

o que puedes hacer hoy?...
que de algo sirva un poco
si quieres luz, el sol ahí está,
sombra buscas?
es cuestión te muevas más,
sin darle demasiada importancia

"amanecen en tus manos blancas palomas,
me refugio en la montaña de tu espalda
dime amor dónde comienzas
y qué dicen tus ojos cuando lees

el mágico misterio de las cosas?" flor de cerezo

al dormirme tuve un sueño

la larga distancia del olvido mire al abrir los ojos
la distancia que me separan entre esa orilla
y mi barca en medio mis sueños marchitos,
el lastre que me queda con un esfuerzo
sobrehumano intente alcanzarla

cuando escuche que alguien me decía
y para que quieres llegar?...
ya para qué llegar?
Lo importante está en el camino
en los rincones del alma
encontré mi cascara de nuez
me había olvidado de ella,
y lo que aquella orilla significaba para mi
pensé que significaba más para alguien

esa noche me pareció ver que alguien escribía
"ya es tarde" como si fuera el epitafio de mis
sueños
es como vivir buscando lo que es el amor
y cuando un día él te encuentra descubres
que ya no sabes amar
que hay alguien ya no espera tu amor

"Mañana, esperanza, estrella. arena
fósforo marino, nuevo amor"
Flor de cerezo

Esa noche me encontré con la dama,
mas no vi su cara
ella sabía por quién miraba,
yo no supe porque me quedaba

de pronto me miro al espejo
me veo como con un antifaz
reacciono doy un paso atrás
digo así no soy yo

y de pronto quiero justificar no haber cumplido
lo que me prometí yo mismo...
sentí una fuerte ventisca y después
el frio viento del norte se dejó de escuchar
y me pregunto; Cuándo es tarde?
todavía quieres alcanzar la orilla?

Ganado tengo el pan… hágase el verso!!

Dicen... cosas del alma

en el corazón esa tesitura
de las voces que gritan
anunciando la llegada del ángel
y un manto de pétalos volando,

hojarasca de una tarde de otoño
mire en la imagen del espejo
como corría tinta sin rumbo
hasta que el viento cedió

entonces salió nuevamente el sol
y las sombras que me atormentaban
fueron ya solo sombras sin color,
así fue que se presentó el barquero

escuche las voces y pude entender
el canto que nos llama a serenarse,

tras de una cortina de agradable
humo blanco escuchar, las voces
y el retín de los acordes nuevos

todo tiene un significado
ese rio de letras escondido
entre viejas frases de amor
que tímidamente se ocultan

tras el espejo largamente ignorado
van sangrando como recuerdos
pero la tinta ha dejado de sangrar
ya solo se escucha esa vieja melodía

Ganado tengo el pan... Hágase el verso!!

La Rosa negra

La Rosa Negra
para ti cultivo una negra rosa
tras una noche lluviosa,
al mirar la hojarasca pienso en ti

busco en las cosas simples,
lo común del otro amanecer,
festejo entre reflejos y sombras
poder dibujar mi sentir por ti

miro las estrellas que cruzan la noche,
que dan destellos de eterna luz de luna
razones de hacer de lo nuestro
un momento eterno é inefable

nos amaneció demasiado temprano,
nos cobijaba una luz tan radiante
que nos impidió mirarnos en calma,
lograr que el frio viento del norte
se salga para refrescarnos el alma

quedamos atrapados inútilmente
divagando sin disfrutar la noche,
bañándonos de frías estrellas,
con premura fuimos llamados
al fuego, tu y yo tras el espejo

tímidamente te sonreí,
creía en que sería una fantasía
tenía una irreal ilusión por ti,
sentir en mi piel tus labios

de ese destello de amor, su luz
solo alcanzo a iluminarnos muy poco,

casi solo nada, reflejos quizás
sólo en nuestra imaginación

amor tras el espejo, así con premura
fuimos llamados al fuego
lo vimos consumirse entre el frio,
los destellos de amor, sin su luz...

solo se fueron las ultimas brazas
que nos dieron su calor tardíamente,
queda polvo, de lo que pudo ser
y tontamente corrompimos

de las rosas rojas que aun perfumaban,
por el fuego de la pasión solo quedo nada
espejismo que nos consumió gloriosamente,

amor que en sueños veo renacer
como un amor que no se extingue
hoy te entrego una rosa negra,
te la entrego en un ramo de letras

y quiero ver ese amor florecer
en un poema interminable
ver como la lluvia de desilusión
nos separa entre más cerca andamos

el amor se diluye en lo eterno,
solo para verlo renacer de las cenizas,
hasta el día que se habrá el cielo
te amaré así siempre, sin dudas

Ganado tengo el pan... Hágase el verso!!

cuando se apague el tiempo

tantas palabras quedaron suspendidas...
como fueron sorprendidos sentires,
mirando al abismo proyectándose
al filo de media noche... pensando
donde quedara lo que aún falta?
por amarnos ...

cuando por fin se apague el tiempo
entre mezclada una quizás inocente duda
y las llamaradas del fuego de amor vivo,
es lo que recuerdo en tus ojos

sensaciones que quedan, solo eso le queda
a quien... juega con amores imposibles
tan solo alcanzare a decirte,
buenas noches, cuanto te amo!

y se apagara el tiempo,
y algo te alejara con el viento
"mmm puedes hacerlo

deja que te diga, puedes inclusive,
disfrutarlo"... todo en una ventana
de chat se puede vivir intensamente
mientras se desvanece lentamente

y sorprenderte si ya se paró el viento,
y despertar si ya todo se acabo
los coros de un estribillo se forman
entre silencios de aquellos sentimientos
que no fueron consumidos bajo el fuego

los estribillos se repiten, y se repiten
cuando solo eso queda por escuchar

mmm puedes hacerlo,
o creer que lo haces, sentirlo

sabes? la realidad de vivirlo
no es diferente a vivir tus sueños
las lágrimas se ocultan con una sonrisa
el mayor dolor, con imaginar una caricia

mmm puedes hacerlo, no debes perderlo
mientras caminas mojando de los pies,
mientras se conservan las huellas en la playa
mientras llega la hora de dormir sin frio

cuando ya solo queda iniciar el ultimo sueño
porque todo lo que esperabas... ya no será así
pero mientras tu amor me recuerda
y pienso que eres feliz, aun así...

"Me gustas cuando pasas, caminas ausente,
no me oyes, desde lejos murmuro tu nombre,
mas yo sé, mi voz no te tocara" más el alma
como aquella noche...

en que mis manos cubrieron tu cuerpo...
parece que tus ojos me hubieran olvidado
parece que después de ese primer beso
la noche ya nada sabe...
pero la vereda todo lo recuerda

Ganado tengo el pan... Hágase el verso!!!

El fin de los molinos de viento

estamos como ausentes, pero el mundo sigue girando, cerramos esa ventana para cubrirnos del frio viento del norte, sin darnos cuenta que ese viento era quien movía los molinos de nuestros sueños

cuando se acabó el viento terminaron las olas... ahora puedo ver las huellas en la arena que se van acumulando, extraño el cantar de las olas

mantengo mi ventana con persianas cerradas, tal y como quedaron desde la noche... en la que la luna decidió ya no alumbrar el sendero donde nos encontramos

intento estar con oídos sordos, mirando los fantasmas de mi mente, pero nada puedo hacer para no escuchar las risas, melodiosas vocecillas, que salen de los rincones, que son como es como el cantar de sirenas...

y yo a la deriva en una balsa navegando sin rumbo en medio del mar, no las puedo seguir, solo busco el ultimo reflejo de la luz... quizás en realidad no escucho las voces, ya ni entiendo que fue de las olas, siento hervir la sangre, en mi mente

no puedo controlar ese repetir de la pregunta, ver las escenas de nuestra última noche, como si fuera un video que se repite infinitamente, siempre esperando un final alternativo y yo me levanto para detenerlo, para poder avanzar la historia, para iniciar otra historia donde ya no sería la protagonista, pero veo que es imposible, quedaron demasiadas páginas en blanco

después de cada noche creo iniciar una nueva historia, cuando otra vez me doy cuenta, que no me he levantado, que sigo postrado en los recuerdos, inmóvil como esperando que alguna vez cambien las escenas y con ellas ese final que nunca esperamos

... ...Aun llego a escuchar el romper del silencio en la noche, escucho aumentar el volumen de las voces, justo en el momento que nuestra platica se agotó y la felicidad termino de salir por esa ventana que nunca supimos cuidar, que nunca supimos cerrar, todo envejeció como una casa perdida en un páramo,

donde el viento arrastra el desgastante polvo, que constantemente chocan con las paredes y cubren el piso, de poco valieron los constante cambios de color en la pintura de las paredes, cada día se perdía un poco de ti en mí,

entre esos muros algo nos separaba y sentía cada vez un poco menos de ti, ahora las paredes solo tienen musgo, todavía en mi oído se escucha ese retumbar de tu voz, como sangrante eco de una tan sencilla pregunta que no respondí,

solo... porque despierto aun soñaba contigo, porque yo creía que gritaba para responderte, cuando en realidad estaba como en un trance, solo imaginaba que responderte

aun siento el sabor de mis lágrimas y la tuyas, revueltas con sudor, minúsculas gotas agresivas y furiosas, sobre tu cuerpo pero mis manos quieren abrazarte,
pero solo tengo, una persistente llovizna entre mis manos, y los zumbidos del paso del viento entre las rendijas de las paredes...

Ganado tengo el pan Hágase el verso

Y tu... Siguiendo estrellas

cediendo a una eternidad del pasado ,
su peso me ha perdido en laberintos...
y ella... impaciente por ganar un pasado

mi boca que descubre su boca
ha descansado de ausencias
le veo tan impaciente por llenar
esta noche... su corazón de ayeres

escribiré viejas historias en nuevo papel
su cabellera al vuelo refleja perlas de luna,
como otras noches voy siguiendo luces,
emocionada le miro siguiendo estrellas

asida a mi brazo, me siento en su sueño
asida a la estela infinita de un cometa
que son sueños que se van viviendo

esta noche pude sentir ese delicado perfume,
vistiendo la intimidad de su fresca piel,
pude creer que esa noche si... le amaría
pude creer que yo sería parte de su sueño

Ganado tengo el pan... Hágase el verso!!!

Aquellos secretos

mire su sombra perderse de mi
y la del tiempo, que se marcha
dejando honda huella

tras las oscuras noches sin mirarnos
en que solo sentimos,
como el amor nos hacía
mire su partida, sin voltear más,
para darle rápido paso al olvido...

tan solo para atreverse a negar
los pasos que juntos andamos,
pero siempre quedan momentos
que por sin razones no se olvidaran

el ritmo de su respiración, un murmullo,
veo que hoy lo sabe, siempre lo supo...
que algo de ella se quedaría en mi

vi recorrer una lagrima en su mejilla,
cuando llego la hora y se marchaba,
pero en su rostro lucía una sonrisa

la mire despedirse bajo la luz de un farol,
que alumbraba desde atrás de la puerta,
mientras yo solo, quede entre sombras
aturdida su miraba, como despertando
de lo más hermoso que se ha soñando

su mirada fija, así en lo profundo
así como en la tarde se caen las hojas,
como cae el telón al fin de temporada

pero siempre quedan momentos
que no se olvidaran,
movimientos en que los roses del alma
guían las caricias mientras se sueña

me di cuenta que no me beso,
con esos sus húmedos labios,
que siento aun como me llenan,
y sin dejar de sentirle en mi piel

sentir los ecos retumbantes
del el vaivén de sus movimientos,
las minúsculas gotas de sudor,

solo dio un paso atrás sin despedirse,
no me beso y no sé qué fue para mí...
no entendí, aquellos secretos ,
quede esperando una respuesta

Ganado tengo el pan... Hágase el verso!!!

Después del amanecer

desperté en medio de un encendido silencio,
hay palabras que pesan menos,
que las que no se alcanzaron a decir,
nada era posible pero solo sucedió,
como sucede eso a lo que llaman milagro

quise sonreír, imagine dábamos tres pasos,
siempre con los ojos cerrados para poder mirar,
como creo se mira desde el corazón,

quise sonreír, hay una razón para hacerlo
si al amanecer la sombra se hace blanca.
y lentamente se descubre la mañana

como una barca que llega de tierra lejana
se dibuja una nueva imagen de ti en mi
faltaron tres pasos para re encontrarse
entre ángeles

y volver a re encontrarse consigo mismo...
quizás falte menos para encontrarse
con el mar

quizás aún falte unirse a los desesperados
ansiosos de vivir... quizás se pueda amar
después de soñar que vi tras de las espinas
una nueva luz en la belleza de tus labios

mire creo... como se abren tus ojos,
y me dices que todo fue un sueño
del que no se podrá despertar

amaneció y al mirar tras la ventana,
atrás de las sombras
el vibrar del frio viento del norte,
y algunos niños distraídamente jugando

las olas en la playa llevándose secretos,
y una flama que no se alcanza a apagar,
como naufrago en busca de un nuevo lugar
en un rincón escondido en lo profundo del mar

Ganado tengo el pan... hágase el verso!!

Cuando el amor es un milagro

y así, cuando todo anhelo tuvo forma,
con mis brazos envolverte de sueños,
por tus pupilas llagar a tu cuerpo ,
estar tan cerca de ti y poseer tu alma

vamos atrapados en el amor tan esperado,
nos vemos inevitablemente aferrados
al final de nuestra historia inconcusa
miramos como todo vuela como ceniza

vivimos el ocaso de algo que es tan bello
abrazados amándonos entre suspiros
miramos ese amor que se nos va,
con la lluvia, que baja lenta allende del mar

una poesía de besos llama al fin de la noche
resignados al ocaso de algo bello he infinito,
mis labios conservan la esencia de esa miel

melodía divina que estremece hasta los
huesos, a ritmo de los latidos que nos unieron
en el camino

alborada, que lentamente llega
coronada con su aurora de amor,
amanecemos envueltos en aroma
impregnado de azucenas y jazmines

vuelan entre nosotros las horas mientras
esperamos, una luz nueva desaparece
el calor que nos dio la noche,
esperamos cuando no queda ya
nada en el andar

se nublara el cielo esta ocasión,
el amanecer no llegara para el corazón

para ese largamente soñado Idilio de amor
que como llego se fue, cuando al amanecer,
llegue a la bifurcación de nuestros caminos
la noche de amor pasara y llenaremos la vida
de ella

mientras la noche enmudece
gritamos te amo al vacío,
mientras la noche enmudece
los ecos se quedan sin color

aferrados a detenerla iremos proclamando
mil te quiero
esta noche una promesa del nuevo día
se escucha
pero la penumbra antes del amanecer
nos enmudece,
la noche de amor pasara solo quedara
nuestra historia,
entonces comprenderemos que el amor
es un milagro,
comprenderemos que el amor
fue nuestro milagro

Ganado tengo el pan... Hágase el verso!!

Eternamente...
Un ramo de rosas…
Un ramo de rosas negras,
Me ha traído el mensajero.
Fue el centro de atención,
Se escuchaban murmullos
Por todos lados…
Que si era odio,
Tristeza
Muerte,
Veneno,
Desprecio,
Olvido…
grite ¡¡¡amor!!!
Todos callaron…
Mi pasaporte
(Eres mía hasta la muerte)
Es la promesa
De amor,
Hasta que la muerte nos separe.
El color negro es la prueba
Superada de cualquier
Obstáculo que ese amor puro
Encontró por su camino.
Y ahora sólo se le guarda el luto…
Flor de Cerezo

Elegia

elegía
así la vereda me lleva a escuchar tu nombre
mi boca lucha por permanecer cerrada
testigo de un juego de tu amor imposible

guarda los últimos vestigios, lo que fue,
lo único que pudo quedar, aun entre nosotros
lo único que dejo el frio viento del norte

aun te recuerdo callada en aquella noche,
ocultándome dócilmente tus lágrimas
y yo sin más, aceptando el destino triste

con una sonrisa vas respirando el miedo
una caricia largamente imaginada
cubriéndote del dolor, temiendo al olvido

entre los espacios se escucha tu exclamar
sintiendo al viento frio, aquella madrugada,
como repitiendo esas palabras... ser amada

pero con la alborada, se fue la inocencia,
que dejaron en silencios los sentimientos,
esperanzas que dejaron de vivir en mi alma

fueron consumidos irremediablemente,
cortos instantes bajo fuego apasionado,
momentos que recordare eternamente

solo él hubiera... me permite te recuerde
me repito, no puedo perder lo que queda,
que si no se hubieran soltado, ni un instante

no sé puede sentir sin vivirlos una noche,
cuando se da todo sin miedo a perderlos,
el más frio olvido debe ser más respirable

hoy en la calle veo a las mismas personas
sus frías miradas me preguntan por ti,
sus sonrisas las siento como duras dagas

me gustas cuando pasas, caminas ausente,
en mi mente algo así siempre vale la pena...
no me oyes desde lejos, murmuro tu nombre

más aun só que mi voz ya no te toca el alma
como en aquellos sueños que juntos vivimos
más te digo tu alma, me cubrió a mí de vida

parece que tus ojos ya me han olvidado
parece que de ese sueño nada queda
la noche nada sabe, solo quedo el olvido

caminando la vereda, todo me lo recuerda
como esa vieja noche estará en mi memoria
en que te marchaste cuando te sabias amada

Ganado tengo el pan... Hágase el verso!!

Luego de tres años de lucha contra el cáncer
Jacqueline Martínez " Flor de Cerezo" ,
entro en un estado de espera, para ser recibida
por nuestro
Señor Jesús Cristo 1 de octubre 2012
entrego estas letras junto a mis plegarias para
Jacqueline

D.E.P JAQUELINEE MARTINEZ
" FLOR DE CEREZO"

soñaba con una bella música cercana
anoche la luz de luna nos iluminaba
entraba al través de la ventana
con sus hilos de plata nos abrazaba

soñaba escuchar el latir de tu corazón
hube que sentir en mi corazón desnudo
despertar mientras el cielo gano un lucero
escuchar un cantar del alma desolada

cantar... que ahora comprendo ...
ya no te escuchare gritar mi nombre
mas yo estaré aquí, como siempre
aunque no se encuentre la puerta abierta

soñare con que sigues a mi lado
que solo estas dormida...
mi amor cuando vayas caminando
sola, por el camino hacia la luz

cuando descubras, que me quede atrás
que el frio viento del norte, se ha ido
que todo es cielo y ya no piensas en mi

cuando nuevamente escuches
el bello latir tu corazón cansado
justo cuando las llaves abran la puerta

si me miras te seguiré amando
y encontraras que todo es campo,
bellas flores, que al igual que tu florecen,
como en días bajo la lluvia y días de sol

ya te encontraras a su lado
abrazada entre el canto de serafines,
y con El ... todo estará bien,
entonces volverá tu sonrisa
el brillo de tu alma de niña

ya no encontraras más sombras
ni palabras insidiosas, solo amor
y sé que con El... estarás mejor
aun sea que ya no estás aquí

tu esencia seguirá en mis manos
será simiente de flores luminosas
que me acompañen en los nuevos días
que espero por siempre viva en mi
como ese amor que viví solo contigo

Ganado tengo el pan... Hágase el verso

Pretender que no me haces falta

mar adentro, te extrañare un poco
cuando sin poder ya virar,
deje de mirar tus ojos

cuando la brisa sea viento,
y me aleje cada vez más,
de la arena donde partí

ya no sentiré tu respirar
ni tu corazón tan loco,
al escuchar aquella vieja canción

al ocaso de aquella fría tarde
y cuando ya no arrullen más,
las olas de tu amor, mi balsa

aun así estarás... mientras se llenen
nuevas hojas con su nombre
al final pretenderé que no me haces falta

que todo fue como el mejor sueño,
como aquel, que en una noche buena
me dejo lo más bello que pude escribir

en una lejana tarde cuando ya no este
pensare que ha muerto una parte de mí,
aunque quizás , solo me dé cuenta

que apenas aprendí a sobrevivir
y seguiré escribiendo tímidas líneas
de lo pensare es poesía

Ganado tengo el pan... Hágase el verso!!

El dolor de tu partida

El brillo de un recuerdo

orgulloso orador le canta a un murmullo...
una nueva melodía se ha vuelto a escribir
¿Es esto terminar o simplemente comenzar?

se escucha su voz clara entre el tumulto,
orgulloso poeta declamando bajo la lluvia
con su cantar teje un manto al ayer

ahí se mueve un hilo que no tiene fin,
brillos entre sombras hablando de ti
algo dentro del brillo de un recuerdo,
algo hiere dentro, muy dentro
y aunque intenso no causa dolor,
creo escucharle caminar por la playa

mi corazón late sincopado con las olas
que no terminan de llegar
que no se dejan de marchar
hay pisadas sobre la arena
que no se terminan de borrar

te siento... mirando caer la lluvia,
sintiendo pasar el frio viento del norte
acorrucada bajo la sombra de la luz de luna
Casualidad... una luz en un horizonte nublado

un faro bajo una incesante lluvia por la tarde
historias cantadas sobre conchas arrastradas
por olas del mar y lavadas por la lluvia

que no serán encontradas al amanecer,
como todo lo que llego... se fue...
y se va perdiendo irremediablemente

Ganado tengo el pan... Hágase el verso!!

Entre tus olas

porque en calma
no disfrutar una dulce melodía,
porque bajo el embrujo de la luna
no nos miramos eternamente

quiero naufragar,
para sentirme vivo y sentir,
quiero sentirme arrastrado
por las olas cuando regresan al mar

pequeña fugitiva joya imposible
yo quiero reencontrarte...
mar llévame entre tus olas
hasta encontrar el nido para los dos

tan solo una pincelada cambio,
todo ese modo de sentir así...
resplandor que surgió de una mirada
cambio toda mi forma de soñar

después del vendaval...
todo se llenó de bruma
sus olas, su aliento eterno..
que se respiró aquella noche
se alejó de junto a nosotros

mar llévame
hasta encontrar ese lugar
no me traigas de regreso,
quiero naufragar

en su espuma, en su sal
recuerdo de ese amor que
que algún día fue,
solo un te quiero

quiero mirar nuestra hermosa luna
y después hundirme en el mar

Ganado tengo el pan... Hágase el verso!!!

Amor... entre mil te quieros

tempestades del amor en calma,
como se navega en esos mares,
mírame escribir, ola a ola

mira cuando luz se mantiene
a distancia de los designios,
del fuego en la playa

el sentimiento vertido a ese querer
la luna cobijaba con su sombra
mira, como cuando yo te amaba,
sin saber un porque es inerte

noches bajo las estrellas y su sal
que se siente mucho, pero poco queda
vientos que acarician con sus caricias

que al ser contada es eclipsada
por la belleza de tu mirada
y toda la historia del ayer,

tu piel es consumida sin fuego
su perenne bravura renovada
arrullada por las olas de un mar
de lágrimas de amor y mil te quiero

tus olas la ahogan en olvido
mi balsa sueña conquistarla
noches de luna, extrañas sensaciones
cuando besan tus olas a la luz de la luna

Ganado tengo el pan... Hágase el verso!!!

Amor ... un arcoíris sin colores

sin nada más que brillantes reflejos
de ese arcoíris que tanto espere alcanzar,
cierro los ojos, sin cerrar el corazón
cierro los ojos casi sin cerrarlos,
para mirar así vacíos en mis interiores

vertiginosamente al cerrar los ojos
me empiezan a alcanzar esas imágenes
con el profundo miedo de encontrarme
en medio de la cruel nada,
tras la cruel realidad acabada

escucho unos coros sobre la arbolada
que llega hasta las montañas azules,
el ruido del agua baja por caprichosos
arroyuelos llenos de peces de colores

como los colores del arcoíris que veo
eternamente alejarse de mi realidad

pero me doy cuenta que la lluvia ceso
el sol está a lo alto quemando,
y ya no es tiempo del arcoíris
son solos espejismos de mi mente
que se niega a dejar de soñar

pretendo gritar cada vez más fuerte
pretendo creer que lo estoy haciendo
pero no hay señales de respuesta
simplemente ya no hay respuesta

me doy cuenta que gastamos mas
el tiempo en buscar el amor
que en amar, simplemente amar
sin mayor pretensión amamos,
que estar bien con Dios

quiero segur el arroyuelo
que se hace rio, que continua
por su propia vereda hasta el mar
yo solo quiero... difuminarme en el mar

Ganado tengo el pan... Hágase el verso!!

Mirando tras los vitrales

me prometí no verías más lagrimas
ahora espero la lluvia para buscarte
te prometí tendrías mi mejor sonrisa
ahora la dibujo en una cara amarilla

decirte que aun ahora los sueños míos
existen solo con los tuyos
tenía tantas cosas que contarte,
quizás decirte porque te quiero

así te llame en medio de la noche
me adentre demasiado en lo profundo
como si buscara encontrar una salida
para esa ilusión que se quedó dormida

sin secretos, sin tener que entender
cosas del tiempo, que se diluyen dentro,
el misterio de la vida parece tan simple
el porqué del amor... es el amor mismo

te dije no caminaría solo por esa avenida
véame aquí buscando tu imagen reflejada
tras los vitrales donde te había visto

tú con yo ... juntos tomados de la mano
cuando emocionados mirábamos ilusionados
hacia el mismo horizonte de vida

Ganado tengo el pan... Hágase el verso!!

Pasará la noche

al pasar la noche y al abrir las cortinas
me encontrare, que el sol calienta,
nuestro lugar de amor en la habitación

pasará la noche para vivir otro día,
pensare en tus labios besándome
escuchando ecos de tus palabras de amor

pensare en tus pasos y los míos,
cuando caminamos para encontrar
en esta noche el amor

no encontrare las huellas de tus pasos,
no iluminaran los rayos de luz de luna
tu tímida sonrisa, no esta noche

aparecerá un jilguero entrando por la ventana
me platicara que después de la lluvia hay vida,
que hay semillas que germinan de entre las
cenizas

que las espigas que ayer jugaban con el viento
son el pan que alimenta nuevos sueños,
y te pensare como esa noche, cada noche

acostados tomados de las manos
toda esa noche eterna
sintiendo el nacer de la nueva flor
ahogándonos de besos
mirando la luna, nuestra luna azul

Ganado tengo el pan... hágase el verso!!!

Palabras de amor

Extraño tu ... mi corazón

así se escribió una nueva pagina
fin de otro capítulo en el libro de mi vida...
como mirar a través de un vidrio empañado

miro sin entender si debo agradecer todo
lo que se escribió en una nueva página...
aunque no se bien si con tinta sangre
o con lágrimas inmunes al olvido

respiro el aire frio del invierno
que llega dentro queda ese
cálido recuerdo de tu respiración

miro una página que quizás
debió permanecer en blanco
no he de negar... vivir una ilusión
la belleza de esas letras... de amor

con que la página se escribió
que fueron el vivir un milagro

fue... una hermosa noche como esta
en que recorrí cada rincón de su alma
fue una hermosa noche como esta
cuando sin más me entrego su corazón

completo lo tengo
tristemente solo eso me quedo
sin condiciones me lo entrego

Te extraña ese corazón...
necesito tanto regresarte ese corazón
extraño tener en mis brazos... esos brazos
te extraña mi - tu corazón,

aunque sé que si te...
te lo devuelvo
no sabré que hacer sin el

Ganado tengo el pan... Hágase el verso!!

Con vos me doy cuenta que el tiempo
perdido se salió por la ventana, sin retorno
sin necesidad de querer recuperar algo
y me quede sentada al filo de mi cama
ya no más asomadas de ventana
porque ya ha entrado tu luz
sí, de esa que no se ve , pero se siente
¡cómo me llena de vida!... esa luz
Jaque

Amor... cuando hablan tus silencios

ahora son los silencios
quienes hablan de amor
las palabras han dicho tanto
sin poder explicarlo

son como el pasar del viento
siempre solo por un lado
y ... se sigue caminando
como entre arboles llenos de flores

imaginarse que pronto
se llenaran de frutos
y con ellos las sonrisas de los niños

cada día iniciando
compartiendo sus espacios
compartiendo esta vida

viendo lo mejor que va iniciando
pero tan solo su mirada
ha dejado huellas en mi camino
solo su mirar deja tanto,
saber que este querer significa tanto

Ganado tengo el pan... Hágase el verso!!

Amor... cuando te vuelva a ver

me quedo pensando
en las bellas palabras
que te diré, cuando te vuelva a ver
mas ahora ya no quiero refugiarme
en que tan solo sean palabras bonitas

la lluvia ha dejado los caminos verdes
y llenos de animales entre las flores,
y no sé cómo será cuando estemos...
y si te encontrare con esa bella sonrisa
y me siento...
como en nuestra primera ves

en la bruma de la humedad de la mañana
justo cuando los capullos se deciden a ser
flores
yo solo puedo pensar en ti

me quedo pensando en las bellas palabras
que te diré, cuando te vuelva a ver

aun me quedo vencido
por los ecos de ese primer beso,
ecos del viento en nuestros instantes fugaces
y de infinita locura tras tantos te quiero
que ahora no se expresar

Al refugiarme en esas palabras para ti
palabras que solas caen...
formando frases bonitas...
me quedo mirando a tanta gente
que llena de esperanza marcha
al ver gente ... te recordé...

quizás sea amor,
quizás solo recordar el fuego,
pero es necesario saber apreciar,
el amor es un privilegio de vida....

y mantener la sonrisa... para la nueva vida
por la que contigo quiero marchar...

Ganado tengo el pan... Hágase el verso!!!

añoro eso que se apago
cuando la tenue luz de la habitación
fue opacada por la luz de la aurora,
que llamo a nuestro adiós,
fin de los te quiero
cuando tu sonrisa significo ya solo
el imperceptible paso del viento

El verso era azul

el verso era azul,

como sueño de piel tibia,
el canto de una alondra abrazaba la aurora,
su melodía era dorada como la arena de playa
la noche se acababa, cuando te tenía

el verso era diáfano,
como sincera promesa de amor,
había quedado la fragancia entre tus rosas,
no había amanecer que las dejara de mirar,
pero no pude guardar ese alegre cantar

el verso quedo en una página blanca escrito,
había tantas cosas que escribir,
de aquí al infinito,
pero la alondra fue rebelde y dejo de cantar,
cuando aquella mañana miro la calle vacía

el verso era azul pero llego la noche,
mi prenda querida... no salió la luna,
y en aquella oscuridad solo te sentí,
cuando caminábamos entre sombras

y así quedaron regadas en la playa,
anhelos que fueron promesas de amor,
y así quedaron mi vida, los últimos ecos,
de aquella melodía que no dejo de escuchar
el verso era azul y te quería como jamás

Ganado tengo el pan... Hágase el verso!!

Después de la flor

espigando desde el alma esas viejas letras…
de un mar de mensajes que tímidamente,
te llamaban… que pretendieron decirte tanto
terminaban escondiéndose tras silencios

ecos de campanas llamando a tu amor
que pretendían llegar a tu corazón…
y se quedan en solo sonrisas
que se quedaron esperando….

y en esa noche serena… tu mi estrella
que entre más te amo, mas brillabas
la noche pasa y miles de estrellas
alumbran mis noches sin ti

cierro los ojos
para que solo tu ilumines mi cielo

esperare ver llegar la primavera
cortar las flores marchitas
para ver renacer otras nuevas…

como imaginamos en nuestros sueños
con esos hermosos colores del tu alma
cuando tu alma decidido amar…

todavía guardo pétalos rosas
entre las hojas de un libro con mis versos

aun espero que al leer esos versos me llames
mucho espere por ver llegar ese día juntos
oscuridad y luz así es tu amor

que hay después de la flor?
cuando el jardín más creció,
cuando más lo sentí real y mío
cuando no es…
cuando aún no es tiempo de ser fruto

cuando todo verso es vano
ya no ves el jardín cada día de mejor color
ya no, ya no será

pero solo las letras cubren esos
espacios que la vida dejo...
entre el tiempo y esos momentos
que no ya puedo dibujar

que el verso esta pero no alcanza
ese amor que parecía inalcanzable
termino cubriéndome de vida...

Ganado tengo el pan... Hágase el verso!!!

Culpa de ella

Entre en la primavera de su vida
y me envolvió de sus sueños,
de su sonrisa inmensa,
de su refrescante viento

Mi pasión se llenó de esa brisa
tanto bien me hiso ese amor...
para estar más cerca de su alma
pensé envolverle por completo,
con mis sencillas letras

con algunos suspiros románticos,
y un pedacito del cielo
para estar más cerca de su alma,
busque entregarle algo bello

inconfesables emociones cruzan la cabeza
que surgen al intentar describir al amor,
apasionado y suave que por ella yo siento

Lamento la puesta de su sol, en mis letras
sombras que llaman a el ocaso de mi sentir,
arrullo de ese viento que ya no me toca mas

Lamento el amor que nuestra alma apagara,
cuando deje de sentir ese abrazo suyo,
que me decía más, que cuando abría la boca
y tan solo me miraba

lamento no poder besar más sus labios
pero más lamento. que esas letras
que ya sin ella me sigan pareciendo bellas

Ganado tengo el pan… hágase el verso!!

sin recordar tu nombre

como escribiendo
una romántica carta de ayer
aun escribo poemas
para expresar mi amor

aun quedo vencido por los ecos
de ese primer beso,
ecos del viento
en nuestros instantes fugaces
y de infinita locura

tras tantos te quiero
me quedo pensando
en las bellas palabras
que te diré,
cuando te vuelva a ver

escribo la última canción
que te dedico, ecos que marcaron
el sentir de mis dedos
humedecidos al rosar tus labios
ecos de lo que más siento

añoro eso que se apago
cuando la tenue luz de la habitación
fue opacada por la luz de la aurora,
que llamo a nuestro adiós,
fin de los te quiero

cuando tu sonrisa significo ya solo
el imperceptible paso del viento
me siento cuando tomo tu mano

lo sientes natural
y obligado de quien te ama,
esta infinita entrega,
es solo vida en un ramo

Busco rimas que sinceraran
mi manera de decir
midiendo las letras
para dedicar mi sentir

Sueño en esa despedida
ante el fiel portón,
tantas emociones
escondidas guardo en el corazón

Ganado tengo el pan: hágase el verso

Amor... renace en un poema

pudiéndote dibujar entre reflejos y sombras
que cruzan la noche de eterna luz de luna
de hacer de lo nuestro un momento eterno
nos amaneció demasiado temprano

una luz tan radiante nos impidió mirarnos
dejar el viento entrar a refrescarnos el alma
quedamos atrapados inútilmente tras el espejo
sin disfrutar la noche bañándonos de estrellas

con premura fuimos llamados al fuego
tímidamente te sonreí, creía en una fantasía
tenía una ilusión por ti que desaparecía
de ese destello de amor su luz solo alcanzo
a iluminarnos muy poco casi solo nada

con premura fuimos llamados al fuego
como tras ese espejo lo vimos consumirse
destellos de amor su luz solo se fueron
las ultimas brazas que nos dieron su calor
de lo que pudo ser y tontamente corrompimos

queda polvo de las rosas que aun marchitas
por el fuego de la pasión solo quedo nada
espejismo que nos consumió gloriosamente,
que en sueños veo renacer como amor

hoy te entregue un ramo de letras
y quiero ver ese amor florecer en un poema
veo como la lluvia de desilusión nos separa
solo para verlo renacer de las cenizas

Ganado tengo el pan... Hágase el verso!!

Amor... para siempre

el viento al entrar movió las páginas,
de pronto al ver pasar esas ultimas
me doy cuenta que no fue casual,
una página en blanco esperando

como aquella gran ola que pasa
de largo, majestuosa a la orilla
dejando las pisadas en la arena gris,
me hace entender cosas imposibles

encuentro cerrada la ventana
a lo lejos un fuerte relámpago
y sobre los cristales la fuerte lluvia
todo el jardín inundado... de lagrimas

pero las pisadas serán borradas
cuando pasen nuevas olas,
y se rompan en la arena como siempre
que sé pasaran, quizás dejando caracolas

entiendo que no se han escrito todo
momentos de una historia que termina
cuando empezó a ser contada
que suponía un "vivieron felices ....

y las encontraremos para escuchar
esa historia musicalizada por los ecos
de las aves entre flores hermosas
por dulces miradas y sonrisas eternas

montados en esa gran ola
encontraremos al fin que no hay
ya lugar para escribir
esa historia ... para siempre"

Ganado tengo el pan... Hágase el verso!!

...ahora os pienso a cualquier hora del día
me guía tu voz,
y tu linda sonrisa con esa paz ,
y el calor de tu amor...
en la mañana cuando la luna descansa
me encontrarás en el momento en que amo
Flor de Cerezo

Lo que nos quedo

entre en la primavera tu vida
me envolviste de tus sueños
mi pasión se llenó de tu viento
tanto bien me hiso ese amor

pero quedo esa ilusión de sentirnos los dos,
llega a mí la noche y su turno, al sueño con vos
en mi memoria melancólica, el recuerda tu voz,
susurrando al oído saboreando a vos

Para estar más cerca de tu alma
pensé envolverte completa
con mis sencillas letras,
algunos suspiros románticos,
y un pedacito de mi cielo

Mis labios se mojan imagino correr tu piel
Mi boca se derrite al saborear tu miel
Mi cuerpo se estremece promete serte fiel
Mis manos inquietas van recorriendo el camino

para estar más cerca de tu alma
aprendí a crear algo bello
inconfesables emociones que cruzan la cabeza
que surgen al intentar describir al amor
al amor... que por ti yo siento

la noche es fría e incita a que busque tu abrigo
quiero sentir de tus caricias guiando tus manos
explorando hasta el último rincón escondido
extraño escucharte, tomar tu sonrisa,
tomar tú refrescante aliento

Lamento la puesta de tu sol en mis letras
sombras que llaman a el ocaso de mi sentir
arrullo de ese viento que ya no me toca mas

Recorro mi cama con la yema de los dedos,
en mente una escena donde
vos estas presente

pero no estás te tengo en mis sueños
deseados, lamento el amor
que a nuestra alma se apagara
cuando deje de sentir ese abrazo tuyo

que me decía más...
que cuando ya no hablabas
y tan solo me mirabas

lamento no poder besar más tus labios
y seguir escribiéndote estas letras
pero más lamento. que esas letras
me sigan pareciendo bellas

Ganado tengo el pan... Hágase el verso!!!

Noche de entrega

noche, en que le rodeaba completa
noche eterna y fue tan bella esta noche,
que entregadas caricias al fuego nos vimos

ya no hubo lugar para cenizas,
ya no más, nos miramos en esa luz
que como un mar que lo abarca todo
al bañar la arena en la playa lo extingue

al borrar las pisadas deja todo al olvido
cuando alguien pronuncio su nombre...
me estremecí al volver a escuchar su voz,
y no pude voltear a verle

ya no encuentro esos tonos azules
intento dibujar sobre una servilleta,
ese sublime momento mírame
sin tiempo para recordar lo que fue mío

pocas huellas dejo en mis horas
no hay mucho que me hagan imaginarle,
qué difícil es no ya reconocerle en mis manos
el agua corre bordeando las rocas pulidas

únicas testigos del pasar del tiempo,
únicas que sintieron el pisar de sus pies,
que descalzos dejaron secretos guardados,
como pisadas en la arena al atardecer

qué difícil es no poder repetir su nombre,
cuando de tan solo mencionarlo
de mil colores se pintaba mi cielo
de tan solo imaginarle mía...

al recordar cuando su nombre
lo pronunciaba con ternura a media voz
a su oído,
hoy que apenas puedo reconocerle
entre la gente.
tanto que dijimos aquellas noches tibias

y no me ha dejado a penas huella alguna
siento aun sus manos temblando,
su mirada inquieta.
como la noche que dejo todo en esa sublime
entrega...

Ganado tengo el pan... Hágase el verso!!!

Solo sentirle en el alma ELEGIA

anoche camine hasta encontrar el alba
lentamente, porque no quería llegar,
solo quería encontrarle nuevamente

varias veces confundí su luz,
con los primeros reflejos del día
varias veces... pero la mañana llego
me gustaba sentir su suave brisa
ella solo se asomaba a mi balcón,

Jugaba a regalarme una sonrisa...
como escuchar la más bella canción
imaginaba perderme en su perfume

descubrir sus misteriosos secretos,
fundir su dicha y mi dicha
descubrir que amor es un milagro...

pero falto algo que el agua se llevó,
descubrí que caminos no son senderos,
cuando estos me llevan a un lugar
donde yo ya no le puedo seguir

anoche camine triste, en ella pensaba
ya no sueño tenerle en mis manos,
ya no quiero ganar su corazón

lo más hermoso queda en el olvido
quiero sentir en mi alma esa bella briza,
que vi irremediable mente perdida,
la noche cuando su aleteo ceso
yo tan lejos y tan cerca...

imágenes que se pierden ...
quizás ya no reales ni ciertas,
que son ecos tan dulces
de lo único que lleno mi corazón

bendigo la fantasías vivas en sus letras
utilizadas para erguir como muro un sueño,
bendigo los ensueños pródigos de amor
que a su paso en el sendero ella entrego

Ganado tengo el pan... Hágase el verso!!

El Paramo

queriendo gritar
encontrando en el hondo silencio su realidad,
como toda noche, a tiempo llega la mañana

que me encontró escribiendo estas letras
que irremediablemente dicen menos,
solo vagas imágenes, tan solo reflejos,
de lo que probablemente nunca paso

bajo el murmullo de pertinaz llovizna
llegaban gotas como notas de bella melodía,
una intempestiva crecida del caudal termino
cubriendo todo un páramo de ansiedad

sentí su mirada... entre gente que corría,
sorda ante tal sinfonía sin saber dónde ir,
yo solo corría sin rumbo buscando refugio,

como sueños se viven esos momentos
callados e intensos sentimientos,
al mirar despojos de lo que probable fue
para dejarse fenecer entre la culpa
y la luz cegadora que aun ilumina
un largo silencio al salir el sol

ha sido interrumpido,
a su tiempo ese mar de lagrimas
que cubrió dejando soledad en el páramo
será razón de un nuevo florecer

Ganado tengo el pan... Hágase el verso!!!

Extrañas letras de amor

Anhelos, anhelos
se confunden con un sueño,
sensaciones de que todo puede ser,
cantar con la mirada en los cielos,
un dulce tema de amor al amanecer

aún queda el aroma del pan,
el horno guarda calor de un ayer

unos labios inspiran estas letras,
algo más que no voy a olvidar,
el olvido no permite soñar

algo que parece nada, pero queda,
al atardecer un viento ligero,
lleva una brizna en el mar
que pasa entre los dedos

aquí estoy solo escribiendo
estas extrañas letras de amor,
palabra confundidas
en un negro desorden,
donde siempre existirá esa luz

Ganado tengo el pan... hágase el verso!!

A los ojos del alma

porque a los ojos del alma
y el sentir del corazón tan noble,
no se les podrá engañar jamás

la envidia de los negados no podrán
sacarte de esta vida mía,
que reclama por siempre,
amarte cada día más

Si la vida nos dijera Hey paren...
que todo esto es solo un bello sueño,
ya es tiempo de a la tierra volver los pies...
ya es tiempo de dejar de soñar

solo cierra los ojos, no, no le hagas caso,
que esta noche es bella para poder soñar,
prefiero esta vida mejor dejar de vivirla
para seguirla soñando, como la sueño
con ilusión poder seguir habitándola:

pensándote cada día, junto a mi
y estar en tu mente,
en tu pecho, en tu corazón,
y creer estamos abrazados
en nuestro lecho de amor

Si alguien me quisiera convencer
que nunca te vi,
y que inclusive estoy ciego

yo seguiría pensándote,
vivirías en mis recuerdos,
pues si mis ojos vivos

no te hubieran visto nunca,
no será excusa para olvidarte

Si la alguien quisiera desilusionarte
diciendo que solo es un falso recuerdo,
viviría recordando por el resto de mi tiempo
luchando por olvidarte jamás

para así seguir escribiendo para ti,
para por siempre mirarte entre letras
encontrándote en nuestros ventanales
y a tu lado seguir... sobreviviendo.

Ganado tengo el pan... Hágase el verso!!

Deje mis huellas en la arena,
donde ya pasaban las tuyas
pero mire que unas iban,
mientras las otras ya venían,
sentí en mis manos la espuma del mar,
esta guardaba el calor de tu piel
y en la brisa un poco de ese aroma de ti ,
mire en el espejo aun restos
de mis lágrimas de sal...
tras de un suspiro la inmensidad de mi felicidad

Los días por venir

De los ríos brillantes reflejos
en blanco azulado resaltan,
tristes recuerdos de una noche
loca que nunca pudimos vivir

ella a lo alto nos mira seria,
en su ceñido manto blanco,

la tarde es clara y fresca,
como los nuevos días por venir
pronto se tornaran verdes los prados,
pronto se llenaran de agua fresca
los ríos de la montaña de nuestro
dolido y ajeno corazón que espera

será nuestra canción?
habrá un final para nosotros?
se le gritó tan inútilmente
mirando contra los fríos vientos?

Y lo dices con voz apagada,
te sientes lejos y ajena con dolor,
cansada de no escuchar los ecos
perdidos de un reclamo de amor

y dices que me persiguen
las grises sombras,
solo puedo decirte de frente,
que igual yo así te amo

al horizonte nuestro
se ve salir el sol, recuerdas...
yo ya estaba dormido,
pero te escuche empujar la puerta

y entrar a mi corazón
mis manos recorriendo
tus contornos

mis manos sintiendo
el fluir de la sangre
en tu helado cuerpo
mis ojos reflejan tus emociones,
mientras se escucha nuestra canción

Ganado tengo el pan ... hágase el verso!!

Nuestra canción

Extraño tu ... mi corazón

así se escribió una nueva pagina
fin de otro capítulo en el libro de mi vida...
como mirar a través de un vidrio empañado

miro sin entender si debo agradecer todo
lo que se escribió en una nueva página...
aunque no se bien si con tinta sangre
o con lágrimas inmunes al olvido

respiro el aire frio del invierno
que llega dentro, queda ese
cálido recuerdo de tu respiración
miro una página que quizás
debió permanecer en blanco

no he de negar... vivir una ilusión
la belleza de esas letras... de amor
con que la página se escribió
que fueron el vivir un milagro

fue... una hermosa noche como esta
en que recorrí cada rincón de su alma
fue una hermosa noche como esta
cuando sin más me entrego su corazón

completo lo tengo
tristemente solo eso me quedo
sin condiciones me lo entrego

Te extraña ese corazón...
necesito tanto regresarte ese corazón
extraño tener en mis brazos... esos brazos
te extraña mi - tu corazón,

aunque sé que si te...
te lo devuelvo
no sabré que hacer sin el

Ganado tengo el pan... Hágase el verso!!

Con vos me doy cuenta que el tiempo
perdido se salió por la ventana, sin retorno
sin necesidad de querer recuperar algo
y me quede sentada al filo de mi cama
ya no más asomadas de ventana
porque ya ha entrado tu luz
sí, de esa que no se ve , pero se siente
¡cómo me llena de vida!... esa luz
Jaque

Un corazón que no sabe olvidar
entre sombras vi pasar la noche
minuto a minuto
dormí sin sentir el pasar del tiempo,
solo la soñé...
de esos sueños de pies enredados
y piel mojada
la soñé la tomaba en mis brazos
con delicadeza

abrigado por su apacible mirada
vivía cada instante en su espuma,
al calor de sus nerviosas caricias...

escuche el latir de esa música
fui feliz y no sentí pasar las horas
pero al amanecer quise besarla
ella ya no estaba

ahora en una perfecta mañana,
el rio arrastra las hojas que
van en busca de los rincones

llegan las golondrinas al tejado,
ellas también regresan donde
donde alguna vez brillo el amor

llueve nuevamente al amanecer,
hoy el sol saldrá sin muchas ganas
amanece otra vez y me levanto
decido preparar una taza de café...

mas como le gustaba no recuerdo
su corazón está bien, lo intuía,
su hermosa silueta se dibujaba
ahí, bajo mis sábanas la tenía,

sin poder poseerla entre mis manos
sin entrar en su tierna alma,
y dejar su mirada sobre la mía

tuve que vivir la alborada triste,
de un sueño que no se detiene
aun esta su respiración sobre mi ser,
el sabor de sus labios en mi boca

esta noche junto a mi estaba y yo,
intentando recorrer su intimidad
guardan aun estas sábanas
la seda de su cuerpo perfecto

el aroma del perfume de su piel,
al través del espejo creo mirarla,
ilusionada en cada detalle es bella

ella juga a mirarme, a sonreírme
mientras frente al espejo se peina,
volteo a mirar su fotografía

ella acariciando su cabellera
me sonríe mientras disfruta ser bonita,
y yo no entiendo, que se ha marchado
que ya no la tengo

empieza otra mañana, no sabe lo que yo sé,
lo que ocultare al salir buscando la vida.
cuando busque su amor como una copa de vino
quizás amargo, pero no habrá otra manera,
cuando descubra que mi corazón
aún no sabe olvidar esa melodía

Ganado tengo el pan... Hágase el verso!!

Amor... cuando te vuelva a ver

me quedo pensando
en las bellas palabras
que te diré, cuando te vuelva a ver
mas ahora ya no quiero refugiarme
en que tan solo sean palabras bonitas

la lluvia ha dejado los caminos verdes
y llenos de animales entre las flores,
y no sé cómo será cuando estemos...
y si te encontrare con esa bella sonrisa
y me siento...
como en nuestra primera ves

en la bruma de la humedad de la mañana
justo cuando los capullos se deciden a ser
flores
yo solo puedo pensar en ti

me quedo pensando en las bellas palabras
que te diré, cuando te vuelva a ver

aun me quedo vencido
por los ecos de ese primer beso,
ecos del viento en nuestros instantes fugaces
y de infinita locura tras tantos te quiero
que ahora no se expresar

Al refugiarme en esas palabras para ti
palabras que solas caen...
formando frases bonitas...

me quedo mirando a tanta gente
que llena de esperanza marcha
al ver gente ... te recordé...

quizás sea amor,
quizás solo recordar el fuego,
pero es necesario saber apreciar,
el amor es un privilegio de la vida....

y mantener la sonrisa...
para la nueva vida
por la que contigo quiero marchar...

Ganado tengo el pan... Hágase el verso!!!

No diré nada... solo te soñé

anteanoche no dormí,
sin esperar nada solo te esperaba
soñaba miraba como caía tu falda,
mientras te besaba nuevamente

tu cuerpo bajo la luna con calma
soñaba en un crepúsculo de amor
que tomados de las manos nacía,
ensueño que la espera perpetua
casi borraba

mirábamos las nuevas fuentes,
alumbrados por las nuevas farolas
de la alameda, iríamos caminando
mientras en secreto el deseo
recorría nuestras almas

ya de tarde caminaba a tu encuentro
sobre la banqueta deslumbran los destellos
de mil cristales, te soñaba
mientras me rodeaban mil sombras
la música se sentía como viento tibio

apenas a media tormenta sentí tus labios
entre un reducido suspiro sentí tu aliento,
ardiente e intenso...
opacado por un fuerte murmullo

te cantaba la letra de nuestra canción,
que por fin termine de escribir
creía te la cantaba mientras te besaba
hoy en la mañana desperté ...
solo para saber que no estabas

Ganado tengo el pan... Hágase el verso!!

Soñar todo lo que soñaste?

cuando camino entre los arboles
donde encontramos lo que nos unía
como oxígeno a quien respira
cuando la noche en la avenida
miro los vitrales llenos de nostalgia

... y creo, llenos cosas bonitas
comienzo a imaginar
que nace una flor rosa
en cada ocasión que pienso en ti
y puedo escuchar nuestra canción

y puedo... soñar
todo lo que soñaste...
y sentirte junto a mi
y tenerte al caminar por la playa
y añorar todo lo que juntos no vivimos
y a creerte solo un sueño
del despertaremos juntos

frente a ese vitral una joya de ti recuerdo...
tu sonrisa que vino a dibujar mi sonrisa
sonrisa que me llevo a sentir el vivir,
a sentir la vida en cada acto de vida
hasta que me doy cuenta
que ya no camino contigo

te amo en otra sonrisa, que no es tu sonrisa
y me duele pensar que solo sea una sombra
de hojas amarillas vacías

Ganado tengo el pan... hágase el verso!!

Senderos por los que caminamos

arrastrado por los gélidos fríos
me refugie de ti, en un lugar sin tiempo,
espejismos que quedaron muy en fondo,
recorren mi mente cuando pienso en ti

mira como la última ilusión gastada,
que ilusiono con inexplicable fe

no hay palabras para expresarlo,
como no hay fin en el horizonte

faltan espacios para ocultar el amor,
aun juguetea en el fondo de mi alma,
te miro, te encuentro en el último sueño
recordando noches de amor por venir

te pienso formando remolinos y delirios
platicándote sacándote una sonrisa,

siento los destellos aun palpables
siento la sensación de tu último beso

que ya no nos dimos,
cuando el tiempo que nos dimos
se nos escapó de las manos

no hay palabras para explicarte
sentir la luz reflejada de tu mirada
cuando miras serena al horizonte,
como respirando la tibieza del aire

y aunque la noche es fría
aún queda fuego en el corazón
que nos abrigara en nuestro camino

no entenderemos las razones de la vida
por las que nuestros senderos
una vez se cruzaron, un solo instante

Ganado tengo el pan... hágase el verso!!

Siempre solo me sonríe

en una perfecta mañana,
cuando llego nuevamente el amanecer
aun escucho el latir de la música
siento su respiración en mi ser

otra vez, vi pasar una noche
dormir sin sentir el pasar del tiempo,
solo me soñé con ella... otra vez la soñé
amanece pero al besarla ya no estaba

ahí... entre mis sabanas la tenía,
intentando recorrer su intimidad
no se me olvida esa noche

sin poderla poseer entre mis manos
sin entrar en su tierna alma
sin que pase su mirada al través de mi

guardan aun estas sabanas
la seda de su cuerpo perfecto,
no quiero vivir otra alborada triste,
de un sueño que no se detiene

al amanecer quiero mirar tras la ventana,
se me enchina la piel de pensar...
de verme atrapado entre tus sabanas
que al llegar el nuevo día...

compartiré el día y caminaremos juntos
a la orilla del parque

compartiremos un desayunando sin prisa
he decido prepara una taza de café
mas como le gustaba no recuerdo

al mirar al espejo creo mirarla
ilusionada en cada detalle mirándose
ella juga a mirarme, a sonreírme

y yo entiendo, ya no la tengo
volteo a mirar su fotografía
ella acariciando su cabellera,
me sonríe, siempre solo me sonríe

Ganado tengo el pan... Hágase el verso!!!

Anoche caminamos juntos

anoche te vi hermosa
mas eso no sería la novedad
te dije, amor, es que te quiero a ti,
me dijiste; mi vida es para ti

siempre esperando tu amor
sin atreverme a cerrar los ojos,
como quien quiere ganarse limpiamente
el perfume que esa rosa entregara

anoche caminabas sola, te llame
dentro del alma quise tocarte
en lo profundo del corazón,
fue que escuche nuestra canción

en la profundidad de tus ojos te soñé,
pudimos hacer girar molinos de viento,
anoche caminamos juntos por fin,
pensé que todo sería felicidad

amo el aroma escondido en tu piel
apetecible a primera vista su color,
siempre esperando esa chispa
que sabía nos llegaría a encender

anoche caminamos juntos
yo solo quería verte sonreír
te toque hasta donde más te quise
creí serían así los días al terminar la noche
pero al salir el sol ya no supe de ti.

Ganado tengo el pan… hágase el verso!!

Amar, en tu mirada

quisiera entender, como era cruzar sonrisas,
quisiera recuperar esa forma de sentir,
etéreos sentimientos capaces de hacernos
sentir que no falta nada, que todo está bien

el día es cálido, casi olvido el oscuro invierno,
al caminar creí que alguien me sonreía,
llegue a apreciar la música de un vendedor,
casi sentí volar mis sueños al con una melodía

mírame perdido al sentir tu mirada
entre la nada de interminables cristales,
nuestra imagen reflejada en espejos infinitos,
todo apuntaba sería una noche cálida...

miraba hacia el cielo y sentí calma,
ecos de la música como el viento,
ligeras ráfagas de sentimientos
jugando con el peinado de unas niñas

tras un suspiro me encontré pensando
frente al tren que pasaba de prisa,
y me sentí en el centro de miradas

pensaba en verdes prados y semillas,
convirtiéndose en nueva vida,
pensaba en tus caricias y que eras mía
de tarde eras una luz que iluminaba mi silencio,
era tu pelo enredado... y mi sonrisa,
pensaba que lo que más amaba
era el roce de tus labios en mi sonrisa
pensaba también miraba tu sonrisa

Ganado tengo el pan... hágase el verso!!!

Quise acariciar tus alas

conservo en el paladar ese vino que bebí de ti,
que elevó a los cielos algo dentro de mí,
respiro cada noche, el aroma del manantial
divino que sembraste y no puedo cosechar

y no sé si reír o llorar ante real borrachera,
es más que amor de lo que hablo hoy aquí,
es escuchar nuevamente esa música silente,
al sentir impaciente, el regreso de las olas

que inundaron aquel día nuestro corazón
cerramos la ventana para dejar todo dentro
la cerramos al frio viento del norte, cuando
se acabó el viento se acabaron las olas

extraño el cantar de las olas de tu corazón
es tan duro pensar que así nació...
que de cenizas renació esa llama
y me niego a dejarla extinguir

delicada humedad de tus lagrimas
donde creció mi pasión dormida,
busco su humedad para mantenerla viva

Pero aun lo sabes?
Pero aun lo sientes?
las noches donde navegamos
que fueron realmente nuestras

esta pasión por sentir tan tuya
que se quedara, aun se quedara
en dónde quedaron?
esos roces de ilusiones,
esos por siempre te amare

ilusionado de sentirte una vez mas
bajo mis sábanas siento aun el fuego
que acabo mi miedo a no amar,
mi temor por hacerlo demasiado

anoche en un segundo sentí pasar
por mi corazón, el amor eterno,
el que ya no lo quiero alcanzar

anoche soñé quería acariciar tus alas
pero pronto me di cuenta del error
solo fue el pasar de sombras,
entre el continuar de la vida
y lo que dejo de ser

Ganado tengo el pan... hágase el verso!

Esa melodía

Fue solo una idea todo debería ser sencillo,
tan solo sentarse y dejar al alma expresarse,
escribir sinceras letras, sentir llegar sus acordes,
se puede escuchar una melodía bajar del cielo

dicen que un ángel canta cuando así lo haces
no pensare en ese lugar, no lo hare más,
sigo escuchando esa melodía cada noche,
imagino después de cada mañana la vida sigue

dicen me han visto sonreír al oírte cantar
entrado el atardecer, no hablare de ese lugar,
quiero sentir la brisa al terminar el día

paso el tiempo las cartas quedaron en la arena
bañadas por la marea del mar, y esa melodía...
que invita a no dejar de soñar inútilmente

sé que ahora no importa dónde te encuentres,
no es tiempo de volvernos a ver, no, no,
sé cómo es esto, caminar en la oscuridad

en el camino más aciago hay un tono ámbar,
te digo no caeré donde otros han naufragado
he mirado hacia arriba pidiendo todo termine

he sentido dicha en la sangre recorrer mi piel
me sonrojé tanto al sentir una nueva mirada,
algún día, pero no aun mientras se escuche,
esa hermosa melodía que no termina

Ganado tengo el pan... Hágase el verso!!

ESA MÚSICA QUE NO TERMINA

llegará el día de atar los cabos de la vida
uno a una hasta que solo quede el mañana
mirar el volar de las aves, las menos solas
las más bellas en parvada, volar con ellas

resquicios atrapados,
murmullos que son ecos,
melodía de una canción que no termina
que se escucha al caer la tarde

decir te amo, debería ser tan fácil
como mirar regresar las aves en verano
como el renacer después de las lluvias,
comprender en un gesto, todo es poco...

poco es suficiente si hay pasión
amar, de ese amor que se sabe eterno
así simplemente suspirar sin tener tu cuerpo,

suspirar, aunque ya no estés presente
inhalar ese amor que es más que poesía
pase caminando muy cerca donde te sabia...
sentí algo importante llegaría muy pronto

una trémula impaciencia recorrió mi piel fría,
aunque cambiada, la calle conserva viva
la esencia de esa canción que no termina

Ganado tengo el pan... Hágase el verso!!!

Eternamente

Al llegar a la sombra de tu luz...

la lluvia ha estado cayendo
tenía tanto tiempo no era así,
cayendo tan persistente y fría
que había dejado de pensar...

quizás ni siquiera poder
abrasarte con la mirada
ya no recordaba al sol
no recordaba lo que eran los sueños

solo mirar la oscuridad en las nubes
agachar la cabeza y cubrirse de la lluvia
solo tu calor acariciaba en mi espalda
solo tu calor... que hoy es toda mi vida

pasa la balsa sobre las olas
tocando con los pies la arena,
sin poder ponerlos en la tierra
ni pensar regresar al mar

el paso trascendente de un alma...
otorgando sus eternos vosotros,
mostrando esa luz reveladora

para encontrar los secretos
encontrar que todo está ahí
que estará ahí... eternamente

Ganado tengo el pan... Hágase el verso!!!

Lo que me faltaba

cuantas imágenes que pasan por mi mente,
no hay palabras para describir lo que siento
me acerco, apenas vuelvo pisar el suelo frio,
junto a ti, ya creo el cielo será para siempre

desde este momento te sentí completa
desde este momento sentí la libertad
de acercarme a ti y conquistar tu intimidad
parte que me fue ajena, misteriosa y secreta

religiosamente se acaban las noches
justo siempre cuando va rayando el alba
como cuando crees que la gente es hermosa
y resulta que otra vez estas equivocada

hoy que en tus ojos encuentro la oportunidad
hoy que se fue otra noche y no vi el alba
la emoción me incendia la sangre
al acercarme a tú y tu corazón roto

ellos susurran tras de ti
mi silente corazón espera...
escuchar los gritos del tuyo,
para salir a su encuentro

todo como hadas en baile de fantasía
iluminada, por la luz azul de la luna
al verte con esa lagrima intente ocultarme
te encontré, mirándome parada frente a mi

tú en mis brazos y me rindo a tu fuego
vacías tus deseos en gemidos incesantes
la emoción, tiemblas y amas con delicadeza

transpirando pasión, somos esclavos de la piel
sueños guiados por nuestros dos corazones

en la pista de baile te tome, te bese
sentí desde ese instante eras para mi
esa lagrima, tu lagrima es todo mi vivir

Ganado tengo el pan: hágase el verso

Hilos de plata

que castigo mirar tu espalda... y las olas,
ver como caminas alejándote de mis sueños
te vas Iluminada y tirando estrellas

al mirar el deslizar de las barcazas
llenas de veladoras, llenas de luces,
tributos a aquellos, que se fueron,
como las noches de octubre

como el rio que se fue
dejándome solo recuerdos
los más hermoso que viví
durante las noches de octubre

te alejas desprendiéndote...
de esos delgados hilos de plata,
que alguna vez te regalo la luna
cuando me descubrió amándote

dejas mis hilos de plata como huellas
en la arena los veo desaparecer
al llegar de las olas, hilos que algún día
me permitieron atrapar y hacer brillar
nuevas esperanzas de amor

te marchas, hablas de encontrar el mar
el ancho rio que nos conoció
te habrá de llevar
te miro y solo digo, claro tuve suerte
quizás nos volvamos a encontrar

Ganado tengo el pan: hágase el verso

Cuando llegue tu amor

espigando en el alma de esas viejas letras...
un mar de mensajes que tímidamente,
te llamaban... que pretendían decirte tanto
escondiéndose tras silencios

mirar el cielo plagado de estrellas
en la apacible noche, todas quietas,
esperando alimentar su brillo,
con la luz de las inquietas parejas

ecos de campanas llamando a tu amor
que pretenden llegar a tu corazón...
y se quedan en solo sonrisas
que se quedan esperando...

y en la noche serena tu mi estrella
que entre más te amo, tu más brillabas
la noche pasa, y miles de estrellas
alumbraban mis sábanas blancas

cierro los ojos para que solo tu
como la luna, ilumines mi cielo
que hermoso ver llegar tu primavera
cortar las flores marchitas y esperar

para ver renacer otras nuevas...
como los sueños, los nuestros,
con esos hermosos colores del alma
cuando ha decidido amar...

como reflejos de la luna en el mar
como esconder lo que se descubre
con la luz del alba, como aurora...
anuncia este nuevo florecer

como negarlo.. todavía guardo pétalos rosas
entre las hojas de un libro con mis versos
aun espero que al leer esos versos me llames
mucho espere por ver llegar ese día juntos

oscuridad y luz así es el amor
Imagino la silueta de tu cuerpo bajo las
sabanas
tus cabello suelto extendido en la almohada
mis manos que toda tu acarician

a mí solo me tocas con su mirada
que dices muchos te quiero

Ganado tengo el pan... Hágase el verso!!!

Los motivos... de la niña

ella acepto su partida
para amar eternamente
en mi alma enamorada,
aun siento ella me ama

quedaron estridentes notas
letras tristes de desconsuelo,
en el retumbar de las campanas
melancólicas e intermitentes

impregnadas de lamentos,
con dolor en mis lagrimas
aun la recuerdo, tan fría
aun queman mis manos

en mi imprudente sueño
ella en mi dejo su eterno frio,

falacias de un corazón cretino
que hoy laceran mis recuerdos

me dejan buscando respuestas
entre coronas de flores marchitas
amante de cetrinas ilusiones
que malditas de rencores,
por caprichos negados

busco su apagada voz
en mis recuerdos entre sollozos,
ella que así decidió al partir,
dejo en mi sus silencios

piensan...
que mi niña no podría amar
yo sé que murió de frio
yo fui el que murió de amor

Ganado tengo el pan... Hágase el verso

Amor ... ... como esa noche

sin palabras, sin más secretos
caminando hacia las luces de la noche
late mi corazón con tu mirada
y esa, tu sonrisa que me deja así..

sabiendo que es nuestra noche
las calles mojadas nos llaman
unas aves siguiendo tu perfume
el tiempo es distancia eterna

cuando solo unas luces
nos separan de una noche mas
otra vez vivir como esa noche,
de ganar tu húmedo cuerpo

cercado con la sensación
de saber que serás mía
justo en el momento
antes del momento

cuando siento en mi tu mirada
una y otra vez te respiro cerca
voy cayendo en esa red tendida
que me causa tomar tu intimidad

en mis sueños solo tu existes
tus pasos entre farolas encendidas
en ese hermoso jardín de flores rosas,
bajo destellos en el cielo oscuro

y hasta la luna por ti conspira
se esconde a nuestras miradas,
para que nos amemos tiernamente
en la profundidad de la piel

envidiando tu figura, tus pasos,
entre farolas de luz tenue,
de ese nuestro jardín,
en la eternidad de la noche

con el sabor de oscuros secretos
la luna nos niega, y tú me iluminas
mi amor, amor esta noche
nos encontraremos nuevamente
para amarnos, una noche más, como esa
noche

Ganado tengo el pan... Hágase el verso!!

Me gustaría sobreponerme
A la emoción que indician los
Juegos del amor, y
Convertirme en piedra
Ser como el silencio de tus ojos
Quisiera ser indiferente
A esa costumbre de quererte
Y quererte cada vez más,
Sobreponerme al lazo amoroso
De tus brazos,
Quisiera sobreponerme
Quisiera...
Pero no me engaño,
Porque aún te amo...
FLOR DE CEREZO

El viento llevaba tu aliento

el corazón cede ante el silencio,
al pasar de las nubes más oscuras
al silencio escondido tras la tormenta
impresión que aún me impide despertar

Creo no es momento de parar y pensar,
que sería de mi si te fueras de mi mente,
hay cosas que se han derretido dentro
pero aún se conservan frescas y latentes

últimamente hay poco tiempo para detenerme
y pensar profundamente de ese momento azul,
cada noche iluminada de inquietud ardiente
solo es una ilusión más de lo que ya paso

no, no quisiera sentir el viento en la espalda
escasos momentos bajo la luz baja son nada
mientras persistan esas noches de invierno,
pero mejor a que se borren de mi mente

anoche ya tarde entre a la cama, recuerdas
escuchábamos música bajo luces bajas,
anoche trataba de recordar tus curvas,
que dibujaban mis dedos bajo las sábanas

anoche un cálido viento llevaba tu aliento,
y se estremeció mi piel al escuchar tu canto,
por un instante sentí la luz de la luna azul,
la sentí sin sentir, las persianas estaban
cerradas

pendiente estuve ahí frente a la marea,
viendo desaparecer las huellas de la arena,
imaginando una noche llena de estrellas,

mirando las lágrimas y tu melancólica mirada

anoche miraba un ángel y una escalera,
iluminada de luces de neón de colores,
comenzaba una sinfonía en mi mente,
todo era hermoso pero faltabas tu

anoche caminabas sola
bordeando olas y te llame
quise tocarte dentro en el alma
en lo profundo del corazón
anoche caminamos juntos
como tantas noches andamos,
tomados de las manos no nos besamos,
caminábamos hasta tomar distintos caminos

luego ya no me mirabas y te alejaste
alcance a verte subir en la barcaza
sentí que se rompía en tiempo y al fin
solo miraba lo profundo del mar

Ganado tengo el pan... hágase el verso!!

Un jardín de besos

Al voltear te mire y encontré,
que toda la distancia es nada
al mirarte improvisadamente...
al buscarte donde se estarías,

en aquella ocasión, que un día,
nos separó en dos caminos,
para luego unirnos tan fuertemente
en recuerdos etéreos e imposibles

lo amado con tanta fuerza
aun me une a ti eternamente,
como si aún soñáramos juntos,
como si aquellos lugares nuestros
conservaran secretos que escondimos

para poder ahora casualmente...
y nos encontremos, sin encontrarnos
sin pretender recuperar
los recuerdos que aún nos unen

ahora... al compartir el fuego
bajo sabanas que no huelen a tus besos
quizás te piense... y te extrañe algo
recordamos en cada nuevo amor
al mirar otros ojos bellos
quizás al volver amar como nunca

quizás olvide hasta tu nombre
pero no olvidare tu esencia...
y se no se puede dejar de amar,
de eso llamado amor no hay olvido

Caminando entre las sombras
de ese jardín de besos, mírame
me encuentro perdido de tu recuerdos,
me mantuve en el juego, que quise perder

tengo un perene recuerdo
de un amor caído en el olvido,
de un inentendible juego de amor
que tiene principio pero nunca fin

Ganado tengo el pan... hágase el verso!!

Saber amar

Buscare cuando el mar cese su oleaje,
a la sombra en el ocaso de una tranquila
tarde de verano, será buen tiempo,
cuando el viento ya apenas sea solo brisa

cuando el follaje que nos cubrió en sus brazos
encuentre la calma, pero los ecos aún se
sientan
encontrare tu nombre grabado en la corteza,
y entre mis recuerdos... te pensare...

me preguntare como ante a ti lo hice
donde esa realidad dejo de ser un sueño?
aun se siente el vibrar antes del primer beso,
las más hermosas palabras van llegando...

un beso robado dejo de ser... un mito
una sonrisa, un te quiero y tu mirar,
pasan a ser fiel imagen de un sentimiento
que un día lleno de dicha un amanecer

y las estrellas lloraron antes de partir
quizás ayer amarte es lo que quería,
y calle para esperar la oportunidad...
imagine demasiado...

entre lo que fueron deseos alcanzados o no,
la vida transcurre y solo esperamos
los sueños son la realidad del mundo,
que te atrevas a imaginar...

pero pronto nos damos cuenta que algo falta
si nadie nos enseñó a imaginar,
los sueños que ya se veían cristalizados...
que esperanzas, los sueños se suelen
escapar...

quizás suceda así siempre que se sueña,
porque fuiste mi más hermoso sueño,
una joya imposible detrás de una caja de cristal

y sin embargo lo más hermoso
que le puede pasar al alma, es encontrar
al amor de su vida, pero solo será eterno
cuando al fin alcance el olvido

letras al vacío que quedaron en el tintero
en una página en blanco más del pasado
buscare y encontrare que todo termino,
que las letras, son solo letras gastadas
y ya no queda nada que decir ni escribir

Ganado tengo el pan... Hágase el verso!!!

Despertaremos juntos

sonreí al recordar el pánico,
dibujado en tu cara tras un relámpago,
un nada se convirtió el alcanzar un anhelo

sentí temor, fría, copiosa,
incesante, fina llovizna,
desde un manto gris caía...

la felicidad en tu rostro miraba
camine mucho, mucho, no quería llegar
buscando el amanecer, tomándote la mano,
entrelazados los dedos y las miradas

... soñar despierto, una bella forma de ser,
caminando sin rumbo, zigzagueando
pensando en las palabras, mirando la gente
las frases bonitas que se dicen, aunque se...

no hay palabras cuando habla el corazón
alrededor de una luz y bajo esa lluvia,
recuerdos de una aventura sin fin...

llega otra vez la noche y sus luces,
pero ya no la magia de la oportunidad...
solo se ama una vez, como la primera vez

mire como se entristecía la tarde,
minutos que no terminan de avanzar
cubriendo el cielo de lágrimas,
... como le decías tu a la lluvia

frente a ese vitral una joya de ti recuerdo...
tu sonrisa que vino a dibujar mi sonrisa

sonrisa que me llevo a sentir el vivir,
A sentir la vida en cada acto de vida

y sentirte junto a mí
y tenerte al caminar por la avenida
y añorar todo lo que juntos no vivimos
y a creerte solo es un bello sueño
del despertaríamos juntos

Ganado tengo el pan... Hágase el verso!!!

Al sentir tu sonrisa

me pareció sentir tu sonrisa
sentir la humedad de tus labios,
esa tímida mirada, sin decir nada
y a lo lejos montañas tras montañas

resplandeciente luz cercana
en alguna hora de la noche,
escuchar inenarrables sensaciones
que el corazón hizo bien parir

se ha sentido cimbrar el suelo
como una fuerza inmensurable,
removiendo la raíces en la eternidad
cambiando todo lo anhelado...

para que después siempre sea igual,
resplandeciente luz cercana,
últimos destellos de una flama
parpadeante, que se extingue,
en la certeza que así debe ser

cuando el amor deja de ser,
una pálida sombra y sobresale

los momentos bellos se pierden
empañados por la nostalgia
más lo que nunca fue del todo
duele, porque lo vivido se queda...
en algo que llamamos eternidad

Ganado tengo el pan... hágase el verso!!!

Te vi tan enamorada

quiero mirar más allá de esa estrella,
otra vez cierro los ojos con fuerza
las luces a fuera está siempre prendidas
me gusta pensar que así te esperan

correré la cortinas para iluminar fuera
por si esta noche regresas a casa,
cuando se escuchen voces nuevamente
que callen este largo y hondo silencio

amaneció estaba lloviendo
siempre es día de pensar
que este será el mejor día...

el jardín tras la ventana abierta,
quise mirar la fuente una vez más,
dejar entrar la luz, quizás nada miraba
pero yo dormía a la luz de la luna

quizás solo te quise soñar
sentí una ventisca de aire frio
y un dolor que no quiere amainar,

otra vez me encontré contando los días,
otra vez ilusionado y sin motivo

otra vez pude mirarte a los ojos,
pero te vi tan enamorada...

amaneció y estaba lloviendo
pensé que serán días de ver las flores,
en cuanto salga el sol todo estaría mejor

amaneció escuche a alguien llorar
quizás solo quise pensarte
quizás no es tiempo de despertar
hasta que el cielo deje de llorar

Ganado tengo el pan... Hágase el verso!!

Hoy no quiero hablar

no encuentro palabras, como el silencio,
que envuelto de bruma esconde los ecos
de lo que se quedó sin nombre
sin palabras, solo una sonrisa

me gusta su mirada, en la mañana
cuando su alma acaricia suavemente,
yo absorto por escucharle como canta,
sin más ropaje que su genuina entrega

mas no hubo palabras para expresar...
saberle que todo es redondo.
lave mi cara al despertarme
mas no quise mirar ese espejo

Incólume el alma serena parece olvidar,
ciega a interminable verdor en mil cumbres,
descubre un sentir obstinado y transparente
que de azul intenso cambio a negro mate
cual sombra, que se ha negado aceptar la luz

de una anoche de esquivos del tiempo
pasan así como sumergidos en aguas,
para expresar esas cosas de soñar, mas
no veras una salida de sol tras la alborada,

no se explicarte, ni se si puedas entender,
la esperanza es como una fría noche
de lluvia sin luna, intensa y larga,
solo queda esperar que se disipe la bruma
solo queda, esperar que se disipe la bruma

Ganado tengo el pan... Hágase el verso!!

Un libro de amor

mirando cómo cambian los colores,
de las figuras de agua en la fuente,
lentamente pasaron nuestras horas,
bajo una luz roja parpadeante…

tras la ventana que nos ilumina
pasaron las horas desde aquel encuentro
me he perdido,
no sé si dejar de besarte ahora,
para atrapar tu perfume
que irremediablemente se roba el viento

así estas en mi mente,
yo arriba de ti cubriendo tu cuerpo,
tu solo así sin saber si estas sonriendo,
temo no poder dejar de sentirte nunca
largas son las horas que se me pasan,
esperando que aún me besen tus besos

de pronto me he encontrado perdido
esperándote hasta tarde sin dormir,
esperando tu sonrisa acariciando mi ser
así mirándote, perdido en tu aliento
bajo una luz roja parpadeante…
mirando cómo cambian los colores,

te has fijado, cómo cambian?
cuando nos alcanza el amanecer
se van las estrellas,
entre los tonos ámbar y rosas
con los que el cielo se ilumina
y ya después no te puedo ver

lentamente se repiten en mi mente
las palabras que se no te diré…
en cuanto llegues…

la tarde llega, yo sintiéndola
como ese atardecer nublado,
del lejano ayer

ahora sabemos lo que el amor es,
lo único que pido es tiempo,
llegará la ocasión
cuando pase la noche mirando el mar,
que camine esos mismos pasos
que deje olvidados

Ganado tengo el pan… Hágase el verso!!

La luna de octubre

"con la mirada caída y los ojos llorosos
le dije. Quédate otro rato,
Con su sonrisa traviesa,
respondió. No, ya tengo que irme
y tú ya debes despertar"

Cerré lentamente la ventana de mi habitación,
el ambiente se comenzó a llenar de verdades,
sentí pánico de cerrar los ojos, como lo hice.
pues temí volver a verte y que me preguntes

siempre hay algunos huesos bajo la cama...
como imposibles asuntos pendientes.
a alguien quisiera hablar de amor...
temo demasiado pudiera no ser nada,
tan solo nuestra luna ha vuelto a brillar

Me fuiste de ti esa noche después de las doce,
y así todo se volvió blanco e infinito silencio,
sólo se escuchaba un agonizante corazón latir,
pero se confundía, como lejano llanto de bebé

Tus latidos se volvieron eco,
y duraron hasta que se diluyo la luz,
solo quedo la sensación, de que nunca paso

quise tomar el teléfono, se me ocurrió
tu voz podría escuchar, me hablabas de él
me dirás que nunca lo llegaste abrazar,
me pregunto si estaría riendo o estará
llorando?

imagino sentada en una punta de la luna
acariciada por la brisa nocturna,

imagino tu voz insistente hablándole,
de sueños azules interrumpidos

algunas veces corro las cortinas
ahí está nuestra luna, y quizás tú?
me imagino nadie la ve. como la miro yo
con la certeza que ya nunca brillara para mí

tres días y noches escuche esos lejanos latidos
luego mire una alondra levantar vuelo al cielo,
en el jardín de los cerezos,
una negra rosa floreció,
comprendí es el inicio y final de un corto sueño

casualidad, milagro, como cantar de jilguero
a veces imagino alcanzarte al estirar el brazo,
abrasarte y mirarte dormida a la luz
de nuestra luna

cerré completamente las cortinas de mi
habitación, para no saber si era de noche
o persistía el día,
pero se escuchaba frenética lluvia caer cerca,
fresca ventisca que no permite pare el fuego
tarde o temprano las brasas se re encienden

pero las llamas que me queman son de olvido
quisiera acariciarte y platicarte, tantas cosas
quedaron pendientes,
tomar una sinuosa carretera hacia el sur
y buscar la primavera, esperar que todo pase
antes de que salga el nuevo sol

y mirarte a los ojos,
saber que puedes sonreír, ser feliz

quisiera tener las respuestas que ya no
necesitan llegar, quisiera yo atreverme
a iniciar el vuelo tras la alondra,
quisiera ver el sueño renacer,
pero no encuentro paraqué,

sé que necesito amarte,
pero tú no lo necesitas mas
solo hasta que podamos vernos,
justo al final de la eternidad,
cuando se rompa el olvido

no buscare las heridas en mi piel…
el daño es más adentro y no se pueden curar

Ganado tengo el pan... Hágase el verso

Quédate

La noche era fresca y entro
bajo la puerta una ventisca,
una intensa luz quedó afuera,
respetando nuestra intimidad

caminaba desnuda a la ducha,
mire mis besos en su espalda
cada centímetro de su piel
quedó marcado de mis caricias

Dejó dos pendientes de oro bajo
la almohada y un collar de perlas
frente al espejo, apenas iluminaba
sus curvas, le miro despreocupada,
seguro ella piensa regresar

Anoche sonrió al verme llegar,
tímida sonrió, mientras comía
una cereza, de alguna forma
sabíamos que esto pasaría

Anoche se columpiaba en el jardín,
la luna nueva de fondo le iluminaba,
acompañada de gritos de niños
el mar entregaba sus olas

Te quedarás conmigo hasta la tarde?
le pregunté mientras miraba la botella vacía,
junto, su ropa doblada en una silla,
aun me sobra amor por darte

Sentada frente al espejo, vistió
una camisa negra sin abotonar,
atónito miraba la forma de sus espigas
doradas bajo la seda radiante

Te quedarás? tú me haces sonreír,
le inquirí nuevamente,
no, ya es hora que salga el sol,
entonces ya no estaré aquí,
pero de alguna forma contigo
me quedaré por siempre

Ganado tengo el pan… Hágase el verso!!

Amor... platicándome nimiedades

Creí la niebla opacaba mi recuerdo,
Pero al dejar de escuchar tronar el cielo
fue que vine a darme cuenta,
que ya no estaba empañada mi mirada...

era roció que me sabia a ti,
estrene pisadas en una nueva playa
amanecerá, más tardara en salir el sol,
que yo en olvidar al frio viento del norte

el dar un nuevo paso no significa olvido
cada que amanece nuevamente
es un día para amarte mas
solo sentir, ese beso en mi espalda...

si quizás alguna vez te miro caminando,
si quizás solo me encuentre donde
quedaron sembradas tus huellas,
que se fueron borradas con la marea

quizás cuando solo contemple
tras los cristales, que quizás
sea el viento que me recuerde a ti,
con tu pecho en mi espalda
platicándome nimiedades

Ganado tengo el pan... Hágase el verso!!

La vida transcurre

me gusta su mirada expectante,
se siente un corazón latiendo,
se siente como al amor viviendo,
entre quienes no puede alejarse...

las brasas aun ardían en el asador,
una llovizna se comenzó sentir,
cuando comenzaba la tarde
y es que decidí salir y caminar

la marquesina aún estaba apagada
aquel recuerdo me invito pasar
quizás no fue buena idea
por qué olvidar... dejar de olvidar

la música se acabó y aun se siente,
hay gente...no termina de marcharse
he me aquí contigo mirando el azul,
otra noche larga y hay que hablar..

pensé
la vida transcurre entre sueños
la vida pasa como aquella canción...
al recordarla te provoca una sonrisa,
momentos que no terminan de pasar

Ganado tengo el pan... hágase el verso!!

Y te siento cerca

Anochecerá temprano, quizás a las seis,
me distraje mirando una fotografía,
unos ojos grandes y distantes,
un corazón lleno de luz sin miedo

para amar... soñaba sentir...
mientras anochecía la vida,
miraba el cielo azul apagarse,
la luz se perdía al pasar la aurora.

casualmente mire su fotografía y le sentí cerca,
su mirada basto para sentir que me perdía,
una mirada desde sus negros ojos,
me hizo pensar... que por el amor fui hallado.

Quisiera llamarle tras su ventana,
le pude sentir feliz aunque no sonreía,
creí escuchar palabras que nunca dirá,
escuchaba desde su corazón una melodía.

Anochecerá temprano,
con ella caminare bajo la lluvia,
creo puedo hacerlo pues no espero nada,
quiero ser en sus versos, sus silencios
llenos de esperanzas
y en sus sentires ser otra estrella

Ganado tengo el pan... Hágase el verso!!

La Noche como Aurora

La noche era negra pero se redimía
mientras se perdían los cantos
y en los sueños no existía partida,
la noche lucia como aurora

Niña... anoche dormí contigo...
mientras el fuego se consumía
y era nada...anoche soñé contigo
escuchaba los latidos de tu corazón

pero era absorto con tu mirada,
pero no era hora... ya no será hora,
en una quintilla, en una octava,
rimas en luna plateada escondida

como quieres que te diga?
que no fue nada después de luna,
que nunca termino la madrugada
te quiero, cuán difícil decir mi amor

verdades en tres copas de vino,
sueños escondidos en más sueños,

una voz que me dice que espere,
en la vaguedad de un recuerdo
y el perfume en sabanas sobre la arena

ahí estábamos cubriéndonos sobre la arena
desafiando a la apacible marea
perdí la concentración por la luz
relampagueante de faro, que iluminaba
insistentemente tu desnudes

ahí estaba como fondo la luna
mientras sonreías al verme...

Ganado tengo el pan... Hágase el verso!!

Contigo de la mano
Voy al fondo del jardín
Y somos como larvas
En los estanques del sueño
Y si me toco gimes,
Y te ríes como un niño
Y nos debatimos frente
A la luz
Y somos ya como de un tiempo
Sin historia
Y navegamos en nuestra nave
Ya sin timón y sin miedo
Y nos amamos más que nunca
Porque ya no somos ni de piel
Ni de hueso
Ya somos como el rumor del aire
Ya somos lo que los demás no miran
Ya somos del amor
Ya somos habitantes del sueño
Que emerge en todos los deseos
Flor de cerezo

Al encontrar tu sonrisa

mire el jardín y sus escarpadas
enredaderas, imponente jacaranda,
y las eternas rosas blancas
entre ellas tú, como jamás te vi

eterno e insatisfecho es el amor
que todo lo deja, pero que sabe
no puede amar, más de lo se ama
pero siempre deja un poco mas

sin esperarlo te mire... tan seria,
en recóndito rincón del jardín,
con el corazón desnudo pasaba
desde un valle de dudas sin fin

sensaciones que llegaron solas
que me llenaron de ti en horas
palabras de amor así plasmadas,
momentos que se van o se quedan

mi camino se ilumino con tu sonrisa
que me dio alas en una bella tarde,
y que me enseñó a amar al amor
a disfrutar este cantar en el alma

vagar de sombras que te escondían,
que guardaban como una joya sin pulir
con destellos de la luz de estrellas
y tras de la luz de luna, tu sonrisa

sin esperarlo hube que sentir
lo que hoy comprendo existe,
hubo que esperar la salida de sol
verte así florecer y encontrar tu sonrisa
Ganado tengo el pan… hágase verso!!

Amor... solamente por amor

por amor, solamente al amor
paso sus veranos, pasando el tiempo
buscando una mancha de miel
que radiante brille en su piel

acariciando la soledad, transpirándola
y mira cómo se van escribiendo
nuevas historias de lo que creía
solo existirían en sus sueños

que hasta ayer historias imposibles,
que solo eran tardes sin mañana
depositadas en su olvidado corazón,
que se deja acariciar inesperadamente,

creando sensaciones sobre la piel
al deslizar en esa sensación,
la frescura de la brisa de la tarde,
sumergida entre el arrullo del mar

encuentra que está enamorada
así entonces decidió abrir su corazón
con la última ola embravecida
con los últimos destellos de la tarde
en un sueño cadencioso de entrega

amar mirando los pétalos caer graciosamente
formando ese delicado manto de tonos rosas,
un manto de aromáticos sueños esperados
y el canto de gaviotas que finalmente parten,
inicio de interminables noches y días
de soñar viviendo el amor tristemente eterno

Ganado tengo el pan... hágase el verso!!!

En esa imaginaria fotografía

ajena durante tiempo a mis inquietudes
aun con un mundo de metas por cumplir
anoche soñé contigo, en que llenabas
espacios de entre mí y mis sombras

que me dejo ese sueño desvanecido
que es como escuchar a bajo volumen,
bajo la lluvia, nuestra mejor música,
que sientes su correr haciendo ecos

en las subterráneas alcantarillas del alma,
es como vaciar de oxigeno nuestra sangre
enamorado tuve tiempo de verte partir,
ver como caían las hojas de los arboles
del que decíamos nuestro parque

magia de la que quedaron solo recuerdos
esa tarde sentado, te mire caminando
entre arbustos y las bancas del parque,
te imagine junto a mi sentada, posando
juntos en esa imaginaria fotografía

que no me deja olvidar que te quería tanto,
de repente una húmeda ventisca
refresco mi alma consumida en olvido,

hasta la piel de la yema de mis dedos
sintió jirones de recuerdos entremezclados
con la esperanza de me hablaras
de juntos escuchar en los megáfonos
la música de en qué esas tibias noches
y esos días sentíamos que era nuestra

Ganado tengo el pan... Hágase el verso!!

La luna de Octubre

arriba bajo de un cielo azul
donde el tiempo se hace tierra,
camino la vereda, donde te bese,

y "tus labios estaban mojados
como si los hubiera besado el rocío"

recordé el día en que sentí celos
cuando la luna iluminaba tu belleza
cuando un sentimiento de dicha
nos envolvía como alas

y tu allí mirándome con tus ojos
de ellos y de ti me acordaba

ahora donde yo no puedo
alcanzarte ni verte
y adonde no llegan mis palabras,
tal vez haya canciones;

melodías que se confunden
con el volar de las aves,
y recuerdo los días en las tranquilas aguas
mientras miro nuestra luna de octubre

"...¡Duerme entre tus blancas galas!
¡Duerme, mariposa mía!...."
Jose Marti

Ganado tengo el pan... Hágase el verso!!

www.ingramcontent.com/pod-product-compliance
Lightning Source LLC
LaVergne TN
LVHW012116170826
845678LV00014BA/2959

9798359021371